GUÍA DEL VUDÚ EN ESPAÑOL

Todo lo que Querías saber pero Temías Preguntar
Sobre la Práctica del Vudú o Voodoo

FELIX HOZ

© Copyright 2021 – Felix Hoz - Todos los derechos reservados.

Este documento está orientado a proporcionar información exacta y confiable con respecto al tema tratado. La publicación se vende con la idea de que el editor no tiene la obligación de prestar servicios oficialmente autorizados o de otro modo calificados. Si es necesario un consejo legal o profesional, se debe consultar con un individuo practicado en la profesión.

- Tomado de una Declaración de Principios que fue aceptada y aprobada por unanimidad por un Comité del Colegio de Abogados de Estados Unidos y un Comité de Editores y Asociaciones.

De ninguna manera es legal reproducir, duplicar o transmitir cualquier parte de este documento en forma electrónica o impresa.

La grabación de esta publicación está estrictamente prohibida y no se permite el almacenamiento de este documento a menos que cuente con el permiso por escrito del editor. Todos los derechos reservados.

La información provista en este documento es considerada veraz y coherente, en el sentido de que cualquier responsabilidad, en términos de falta de atención o de otro tipo, por el uso o abuso de cualquier política, proceso o dirección contenida en el mismo, es responsabilidad absoluta y exclusiva del lector receptor. Bajo ninguna circunstancia se responsabilizará legalmente al editor por cualquier reparación, daño o pérdida monetaria como consecuencia de la información contenida en este documento, ya sea directa o indirectamente.

Los autores respectivos poseen todos los derechos de autor que no pertenecen al editor.

La información contenida en este documento se ofrece únicamente con fines informativos, y es universal como tal. La presentación de la información se realiza sin contrato y sin ningún tipo de garantía endosada.

El uso de marcas comerciales en este documento carece de consentimiento, y la publicación de la marca comercial no tiene ni el permiso ni el respaldo del propietario de la misma.

Todas las marcas comerciales dentro de este libro se usan solo para fines de aclaración y pertenecen a sus propietarios, quienes no están relacionados con este documento.

Índice

Introducción	vii
1. Los gemelos vudú: Haití y Nueva Orleans	1
2. Bondye y los dioses vudú	27
3. Volverse un vuduista	51
4. Veves vudú	73
5. Construir tu propio altar vudú	91
6. Cómo hacer una bolsa gris-gris	101
7. Muñecos vudú	111
8. La forma de vida vudú	123
9. Invocar un ritual	129
10. Purificación vudú y hechizos de protección	141
11. Hechizos de amor	153
12. Ceremonias y festivales	161
Conclusión	167

Introducción

¿Qué piensas cuando escuchas sobre el vudú y sus practicantes? ¿Eres una de las personas que cree que es una representación de brujería oscura o de magia negra que puede lastimar a alguien? Entonces es momento de acabar con esas ideas equivocadas. Considera que, aunque se ha ganado una mala reputación debido a cómo lo manifiestan en la cultura pop, la esencia del vudú está lejos de ser maligna, para sorpresa de muchos.

Para saber más sobre el vudú, debes abrirte a la verdad; es impreciso sólo describirlo como una simple religión antigua o magia negra. No todo se trata de trabajar con seres y espíritus malignos para provocar daño a alguien. Contrario a como lo presentan las películas y los programas de televisión, no es correcto relacionarlo con actos diabólicos, malvados, marionetas y zombis.

El vudú es más que aquellas interpretaciones y representaciones erróneas; es una religión de raíces muy profundas.

Introducción

Los practicantes del vudú tienen en muy alta estima esta religión. Es una práctica importante para ellos y no consideran que sea un instrumento para tortura, canibalismo y adorar a seres malvados.

Para realmente desbloquear el verdadero poder del vudú, en vez de las malas interpretaciones y representaciones erróneas alrededor de esta práctica, este libro te puede servir como una fuente definitiva de información y un buen punto de partida. Está actualizada y tiene el objetivo de corregir toda la información y las ideas erróneas sobre esta religión en específico que muchos practicantes aman.

En este libro encontrarás información que es fácil de absorber y comprender, e incluso principiantes y los que no están familiarizados con el vudú pueden comprender rápidamente los conceptos y fundamentos más importantes. Para aprender más sobre los hechizos de vudú, también puedes consultar este libro, ya que los pasos y las instrucciones son sencillos y fáciles de seguir. Para el momento en el que hayas llegado al final de este libro, entenderás los secretos del vudú y corregirás las ideas erróneas que están presentes en la mayoría de las culturas del mundo. Ahora, comencemos tu viaje de aprendizaje para saber más sobre el vudú y descubrir sus secretos.

1

Los gemelos vudú: Haití y Nueva Orleans

EL VUDÚ se refiere a una religión monoteísta y sincrética, la cual es el resultado de una combinación de religiones de los nativos africanos y los católicos romanos. Principalmente practicada en Nueva Orleans y en Haití, se puede ver que el vudú también es reconocido en otros lugares, particularmente en el Caribe.

El vudú tiene una gran variedad de definiciones. La más aceptada socialmente y la más común es que se trata de un acto de adoración a más de un Dios. También adoran a los espíritus, a los ancestros, a los santos y a los ángeles.

Esta práctica combina la adoración católica a los santos, brujería, prácticas nativo americanas y la magia folclórica.
  Contrario a lo que la mayoría de las personas creen, el vudú no solamente gira alrededor de la magia negra y la brujería maligna para lastimar a las personas. Muchos de los

verdaderos practicantes del vudú establecen que no puedes hacer adoración a los espíritus malignos con estas prácticas. Así que es momento de corregir estas malas interpretaciones y comprender que esta práctica no es tan maligna como otras personas han dicho y creen que es.

Los hechizos asociados con el vudú son útiles, poderosos y auténticos. Puedes esperar que funcionen de forma efectiva en diferentes circunstancias. Entre estos están el campo de las finanzas, la carrera universitaria, relaciones y amor. Sin embargo, es seguro decir que esta religión tiene una amplia extensión. Al proporcionarte un uso y una práctica correcta, puedes mejorar varios aspectos de tu vida y de ti mismo a través de ella.

Cómo empezó el vudú

Las raíces originales del vudú pueden ser rastreadas hasta África. Fue traída a América por los esclavos africanos después de que fueran vendidos a los comerciantes blancos de esclavos.

Específicamente, el vudú comenzó después de que los esclavos en África trajeron sus tradiciones nativas debido a su transportación forzosa al nuevo mundo.

. . .

Durante este tiempo, les prohibieron practicar su fe y religión. Con el establecimiento de las restricciones y las prohibiciones, estos esclavos africanos comenzaron a igualar los dioses que conocían con los santos reconocidos en la iglesia católica romana. Esto lo hicieron para evadir las restricciones asociadas con la práctica de sus religiones.

Eso también provocó que hicieran rituales con la ayuda de las imágenes y los artículos utilizados y reconocidos en la iglesia católica. Incorporaron las creencias de los católicos a sus prácticas religiosas. La mayoría creía que era la única forma de continuar practicando aquello en lo que inicialmente creían. Después de todo, las restricciones significaban que tenían que esconder sus antiguas prácticas religiosas. Esto también lo hicieron porque el vudú les permitía naturalmente incorporar santos a sus prácticas. Cuando los esclavos africanos fueron trasladados al nuevo mundo, fue uno de los periodos más oscuros de la historia del mundo. También fue cuando el vudú contribuyó a ayudar a que todos sintieran lo que significaba ser libre, incluso si no tuvieran el derecho para practicar todavía la libertad.

Vudú africano

Por supuesto, no comprenderías completamente el mundo si no investigaras sus raíces más a fondo. Como hemos mencionado antes, esta práctica comenzó en África. Comenzó en Fon y en el Congo, conocidos como reinos africanos, alrededor de seis mil años atrás. El término, vudú, incluso fue derivado del idioma fon. Significa deidad, espíritu o sagrado.

En la actualidad, Fon es parte del sur de Benín, una región conocida por muchos antropólogos como la cuna del vudú. Millones de personas siguen practicando el vudú incluso en la actualidad, especialmente en Ghana, Togo y otros países del noroeste de África.

El vudú es principalmente una tradición oral. Tomando esto en cuenta, te darás cuenta de muchas diferencias y cambios en los nombres de los dioses y las formas específicas en las que se llevan a cabo los rituales en varias regiones y generaciones. No obstante, el vudú africano demuestra unas cuantas características consistentes sin importar en donde se practica.

Aparte de creer en la posesión espiritual y en varios dioses, el vudú africano también difiere. Venera o adora de forma consistente a los ancestros, utilizando objetos o rituales particulares para aumentar la protección mágica.

También ofrece sacrificios animales para demostrar respeto al dios, pedir favores o mostrar su gratitud.

. . .

Los africanos también practican el vudú al utilizar fetiches y ciertos objetos con el poder o la esencia de espíritus específicos. Los instrumentos, la música y las danzas ceremoniales que utilizan elaboradas máscaras y disfraces son algo común en la práctica del vudú africano.

Además, realizan adivinación al interpretar actividades físicas.

También se puede ver que la mayoría de los practicantes asocian los alimentos, los colores, las plantas y otros objetos con ciertos Loa, un espíritu vudú designado para ofrecer en guía en varios aspectos de la vida, como la espiritualidad, la sanación, protección, éxito, sexualidad y muerte.

La mayoría de las características y rasgos mencionados, especialmente aquellos relacionados con el politeísmo, adoración a los ancestros y danza y música también son aspectos vitales de otras religiones practicadas en África.

Teniendo esa cuenta, puedes considerar el vudú como algo similar a cualquier otra religión tradicional en el país.

La mayoría de las prácticas también parecen que son un servicio religioso, por una parte, y, por otra parte, celebración con música rítmica, canciones y bailes. Muchos rituales realizados en el vudú africano también utilizan paisajes naturales, incluyendo árboles, montañas y ríos.

El vudú africano convierte los objetos más mundanos, como botellas, cacerolas y partes de animales sacrificados, en algo sagrado que pueden utilizar en los rituales. Esto es posible a través de la consagración y la decoración de dichos objetos.

Ahora que conoces la forma en la que los africanos practican el vudú, es tiempo de saber más sobre las dos ramas más importantes: el vudú de Haití y el vudú de Nueva Orleans.

Las dos ramas se derivan de la creencia religiosa traída a América por los esclavos africanos, por lo que puedes esperar que sean similares.

Sigue siendo importante comprender cada rama por separado, para que tengas una idea clara de que las hace similares y diferentes y cómo se originaron las dos.

El vudú de Haití

El vudú de Haití comenzó alrededor de los siglos XVI y XIX. Fue desarrollado en las comunidades afro haitianas cuando ocurrió el tráfico de esclavos en el atlántico durante ese periodo. Comenzó después de combinar las religiones tradicionales llevadas por los esclavos de África Occidental a la isla española con las enseñanzas extendidas por los colonialistas franceses respecto a la religión católica romana. Los colonialistas franceses tenían el control total de la isla.

Muchos de los que practicaban vudú participaron en la revolución haitiana que ocurrió entre 1791 y 1804. Fue entonces cuando contribuyeron a conquistar el gobierno liderado por los colonialistas franceses.

También contribuyó a la abolición de la esclavitud y a la creación de lo que se puede considerar como el Haití moderno.

Cuando todavía eran esclavos, un código prevenía que practicaran la religión que solían practicar. El código esclavo incluso requería que se convirtieran en cristianos.

Esto hizo que fueran obligados a bautizarse como cristianos, lo que influenció de gran manera la forma en la que practicaban el vudú.

El hecho de que los esclavos tuvieran prohibida sus celebraciones y practicar libremente y de forma abierta su religión hizo que tomaran prestados muchos elementos de los católicos romanos como una forma de proteger sus creencias y prácticas espirituales. Resultó en la ejecución de un proceso de sincretismo, el cual tuvo un gran impacto en la práctica del vudú en Haití.

Después de la revolución haitiana, la iglesia gobernada por los católicos romanos también dejó la isla. Por unas cuantas décadas, la ausencia de los católicos resultó en que el vudú se convirtiera en la religión dominante en Haití.

Durante el siglo XX, el aumento del índice de emigración hizo que el vudú se extendiera a otras partes del mundo.

En la segunda mitad del siglo XX, las personas notaron una conexión que crecía significativamente entre el vudú y algunas tradiciones relevantes en el continente americano, como el candomblé brasileño y la santería cubana, además de las tradiciones practicadas en el oeste de África.

Creencias comunes en el vudú haitiano

Una cosa notoria sobre el vudú haitiano es que no tiene una autoridad institucional central ni una liturgia. También tienen variaciones comunales y domésticas. Te darás cuenta de muchas variaciones en esta comunidad, particularmente en su forma de practicar en las zonas urbanas y rurales y la forma en la que se ejecuta en Haití y en la diáspora haitiana global.

También te darás cuenta de las variaciones en las creencias y en las prácticas de una congregación a otra.

Una variación sería que una familia muy amplia sea un componente significativo de una sola congregación. Otras creencias comunes del vudú haitiano incluyen:

- Bondye y Loa

El vudú haitiano es principalmente una religión monoteísta ya que enseñan la presencia de la existencia de un solo dios supremo. Esta entidad suprema construyó el universo, lo que los practicantes del vudú conocen como Bondye. La mayoría de los practicantes también le dicen Bondye a ser trascendente y remoto, un Dios que no quiere verse involucrado en los sucesos diarios de los humanos.

Considerando también lo anterior, también creen que no tiene sentido acercarse directamente al Bondye. En su lugar, lo que los haitianos suelen hacer es decir, "si Bondye vie", lo que significa "si Bondye tienen la voluntad" en sus rituales. Esto es para darle importancia a su firme creencia de que todo va a suceder basado en la voluntad de la deidad y no en sus necesidades expresadas a través de la oración.

El vudú también se reconoce como una religión politeísta, enseñándole a los practicantes que un Loa, un panteón de deidades, existe.

Este término se refiere a los espíritus, genios o dioses en los que creen la mayoría de los practicantes del vudú haitiano. También existen ocasiones en las que los Loas son considerados como las contrapartes de los ángeles de la cosmología cristiana. Con eso, pueden ofrecer protección, consejo o advertencias, y ayuda a los humanos cuando participan en los servicios rituales.

Todos los practicantes del vudú también consideran a los Loas como intermediarios de Bondye, de forma que cada uno de ellos manifiesta una personalidad única. También asocian o relacionan cada Loa con un color, objeto y día de la semana específico.

Otras creencias famosas

El vudú de Haití también cree en la ética y en la moral, y que cada género tiene un papel único y diferente. Al ser una religión reconocida, refleja las preocupaciones diarias de las personas. También se concentra en proporcionar técnicas que pueden ayudar a mitigar las desgracias y la enfermedad. Los practicantes también creen que aquellos que hacen cualquier cosa para sobrevivir están entre las personas más éticas.

. . .

En términos de moralidad, te darás cuenta que el vudú haitiano no implementa muchas reglas. Esto significa que la moralidad en esta religión no solamente se basa en reglas, sino que es contextual al basarse en la situación y en la persona a la que se juzga. De acuerdo con los seguidores del vudú haitiano, consideran que una persona es moralmente respetable si vive de acuerdo con su carácter real y su Loa titular.

Aparte de esto, se le pone mucho énfasis a la conformidad, apoyo, cohesión de grupo y la uniformidad. La religión intenta fortalecer los lazos familiares. También enfatiza mostrar respeto a los mayores y considera a la familia lejana como una parte muy importante de la sociedad haitiana. La mayoría de los seguidores y practicantes de la religión no toleran el Maji, término utilizado para describir el proceso de utilizar poderes sobrenaturales para el mal y para propósitos egoístas.

Prácticas comunes

El vudú de Haití se puede considerar como una religión compuesta de influencias derivadas de muchas otras religiones. A pesar de las numerosas añadiduras e integraciones obvias, el vudú haitiano sigue pareciéndose mucho al vudú practicado inicialmente en África.

Por ejemplo, tienen designaciones para aquellos que realizan servicios y actividades religiosas y ofrecen remedios folclóricos tradicionales, a los que llaman houngans (sacerdotes) y mambos (sacerdotisas).

Cualquiera que intente servir como un houngan o mambo necesita participar en un programa de aprendiz.

Tienes que actuar como iniciados con otros líderes reconocidos en la comunidad en vez de sólo participar en el centro de adoración. También existe lo que se conoce como honfour en el vudú, lo que se refiere al lugar donde ocurren las ceremonias. Por lo tanto, es la contraparte del santuario o el templo en otras religiones.

Aparte de esto, existen otros aspectos del vudú haitiano que hacen de su práctica algo más reconocible. Esto incluye:

- Posesión espiritual. Similar al vudú practicado en África, el vudú haitiano también considera la posesión como uno de sus aspectos más importantes. Los practicantes se refieren a la persona poseída como un caballo con el Loa poseedor montándola. Una cosa que les ayuda a identificar a los poseídos es cuando la persona tiene movimientos antinaturales, habla utilizando idiomas desconocidos o proporciona afirmaciones claras y directas a otras personas que practican y siguen la religión.
- Sacrificio y ofrendas. Otro elemento que verás

comúnmente en el vudú haitiano es el sacrificio. Los puedes ver sacrificando animales, como gallinas y cabras, en diferentes ceremonias. La razón se debe a que el vudú cree firmemente en la importancia de alimentar al Loa. Las ofrendas de comida y bebida son solamente algunos rituales que se practican comúnmente en la religión. Suelen hacerlo en casa o en espacios de la comunidad.

También existe un festín anual (organizado por el houngan o la mambo) para la congregación, que requiere que los reunidos sacrifiquen ciertos animales y los ofrezcan al Loa. Aquellos que practican la religión también ofrecen comidas y bebidas basándose en el Loa específico al que quieren dedicar el festín o el ritual.

Considera que cada Loa tiene diferentes preferencias alimenticias, por lo que es importante ofrecerle aquello que prefiere durante el ritual.

Por ejemplo, Danbala prefiere alimentos blancos, principalmente huevos. También existe un Loa conocido como Legba, que quiere cualquier tipo de comida que se le ofrezca, ya sean vegetales, tubérculos o carne, pero que sea asada.

- Objetos y vestimenta ritualista. El vudú haitiano también hace énfasis en incluir ciertos objetos, decoraciones y ropa durante estos rituales y celebraciones. La mayoría de estos artículos también se utilizan para mostrar cómo respetan al Loa. Muchos también utilizan paquet congo (medicina) para sostener objetos o hierbas con propiedades medicinales o sanadoras.

Muchos practicantes llevan drapo (banderas) con ellos todo el tiempo para demostrar su respeto por los espíritus. También te darás cuenta que muchos utilizan y tocan varios tambores, maracas, cascabeles y campanas para invocar y llamar al Loa.

Otros objetos y artículos ritualistas utilizados por aquellos que practican el vudú haitiano son botellas decoradas, calabazas que se suele llenar con ofrendas alimenticias, y muñecas. Suelen poner estos artículos en los altares. Unos cuantos de estos objetos ahora son un gran componente de la artesanía haitiana.

- Altares y santuarios. Los seguidores del vudú haitiano también practican su fe y creencias con altares y santuarios. Muchos altares incluso tienen litografías de santos reconocidos por la religión católica romana. Durante el periodo en el que fue desarrollado la cromolitografía, hubo una gran influencia inmediata en las imágenes utilizadas en el vudú. Esto resultó en un amplio acceso a imágenes de Santos derivados de la iglesia católica romana con su Loa correspondiente.

Los practicantes del vudú también recalcan la importancia de utilizar varios materiales disponibles para ellos a la hora de hacer santuarios. También existen ciertos lugares, además de los templos, que los practicantes utilizan cuando realizan rituales. Por ejemplo, suelen hacer rituales en los cementerios, ya que son el lugar perfecto para los rituales, en particular para aquellos que quieren acercarse y hablar con los espíritus fallecidos.

Muchos practicantes también eligen cruces de caminos como el lugar perfecto para los rituales. La razón es que estos son lugares que proporcionan acceso al mundo de los espíritus. También es posible utilizar iglesias cristianas, mercados, campos, el mar y ríos para el ritual vudú.

- Sanación. La sanación también es una práctica común y esencial en el vudú. Los practicantes suelen recibir amuletos y sortilegios por parte de los houngans y mambos. También conocidos como pwen o puntos, estos amuletos y sortilegios suelen basarse en plantas conocidas por sus propiedades sanadoras.

Por lo general, se receta un baño, el cual utiliza varios ingredientes que ayudan a la sanación. Haití también tiene varios doctores herbales que utilizan remedios de hierbas para tratar una gran variedad de malestares. Sin embargo, estos doctores herbales son diferentes de los houngans y las mambos, por lo que se pueden esperar ciertas limitaciones respecto a los problemas que pueden curar o tratar.

- Peregrinaje y festivales. El vudú haitiano también practica celebraciones de cumpleaños para un Loa en específico. Esto suele ocurrir cuando los católicos romanos celebran su Día de todos los santos. Estas celebraciones requieren que dediquen altares especiales diseñados para el Loa cuyo cumpleaños quieren celebrar.

También honran a los muertos al llevar a cabo celebraciones que suelen llevarse a cabo en los cementerios de Puerto Príncipe. Esta celebración viene en un festival con participantes disfrazados de una forma asociada con la muerte. Por lo tanto, algunas vestimentas son abrigos morados y negros, lentes de sol, sombreros de copa y velos negros.

También puedes observar que el peregrinaje es una parte muy importante de la cultura del vudú haitiano. Aquellos que realizan el peregrinaje haitiano suelen tener que utilizar cuerdas de colores alrededor de la cintura o de la cabeza.

El vudú se ha vuelto ahora una parte integral de la vida diaria y las actividades de muchos haitianos, ya que más de la mitad de la población haitiana práctica esta religión. También es la razón por la cual tiene un papel muy importante en la historia del lugar.

El vudú de Luisiana (Nueva Orleans)

La segunda rama más importante del vudú de la que tenemos que hablar es el vudú de Luisiana, también llamado el vudú de Nueva Orleans.
   Esta rama específica se refiere a una colección de prácticas y creencias espirituales, todas desarrolladas basándose en las tradiciones pertenecientes a la diáspora africana dentro de Luisiana.

Este vudú también puede ser definido como una variación cultural de la religión afroamericana desarrollada dentro de las poblaciones criolla, española y afroamericana francohablante en el estado. El vudú de Luisiana es una de las tantas encarnaciones religiosas basadas en África que proviene del vodun de Dahomey de África occidental. Fue sincronizado con la religión católica romana y la cultura francófona famosa en el sur de Luisiana debido al comercio de esclavos.

Mientras que muchas personas confunden el vudú de Luisiana (*voodoo*) con el vudú de Haití (*vodou*), son diferentes. El de Luisiana enfatiza el uso de gris-gris, parafernalia del hoodoo oculto, deidad serpiente o Li Grand Zombi, y reinas vudú.

El vudú de Luisiana incluso tuvo un papel importante a la hora de introducir el gris-gris y los muñecos vudú en la cultura estadounidense.

¿Cómo inició?

El vudú de Nueva Orleans o de Luisiana surgió debido a que los esclavos del oeste de África llegaron a un punto en el que unieron sus prácticas y rituales religiosos con la población católica romana local. Un hecho importante sobre el vudú de Luisiana es que se conecta con gran fuerza con los espíritus, los ancestros y la naturaleza.

El vudú fue reforzado aún más después de que sus seguidores, quienes escaparon de la revolución haitiana en 1791, se mudaron a Nueva Orleans. Durante este tiempo, aquellos que practicaban vudú en las colonias de Norteamérica, tuvieron vidas más complicadas. Los colonialistas franceses implementaron medidas más agresivas para reprimir sus rituales y evitar rebeliones futuras. Esto se debe principalmente a que se dice que la revolución comenzó después de que un ritual hizo que los esclavos fueran poseídos por una deidad.

. . .

A diferencia de su estadía en Haití, los esclavos que se mudaron a Luisiana no fueron agresivos o rebeldes en contra de sus amos. En su lugar, lo que hicieron fue utilizar amuletos y talismanes para hacer que sus vidas diarias fueran más sencillas.

Estos practicantes y seguidores del vudú utilizaron estos elementos principalmente para la protección, sanación y guía. También creían que los talismanes y amuletos estaban entre las cosas que los conectaba con las personas que amaban. También existían los talismanes que se creía que herían a sus enemigos. Estos artículos eran los que utilizaban cuando hacían maldiciones.

El que los esclavos continuaran practicando el vudú se volvió una parte extremadamente importante para la cultura de Nueva Orleans. Incluso se pueden ver a los reyes y reinas del vudú volviéndose personajes políticos y espirituales del poder de Nueva Orleans durante el siglo XIX. También provocó que se extendiera la religión a otros lugares, como al otro lado del Valle del Mississippi, que todavía registró ceremonias famosas de vudú hasta 1891.

Creencias principales del vudú de Luisiana

Una creencia muy importante relacionada con el vudú de Nueva Orleans es que hay un solo dios que nunca interviene o intercede en las vidas de las personas. La mayoría de las personas creen que los espíritus pueden decidir e interferir con la vida de alguien.

Los practicantes del vudú de Luisiana o Nueva Orleans creen que las fuerzas espirituales son traviesas o amables, y son capaces de moldear sus vidas diarias al interceder o interferir con ellas.

Con eso, reconocen enérgicamente la importancia de conectar con los espíritus. Pueden hacer eso a través de la música, la danza y el canto. También es posible establecer una conexión espiritual al utilizar serpientes que representan principalmente a Legba, el conducto espiritual a todos los demás. La serpiente vudú simboliza no sólo el conocimiento de sanación, sino que también representa la fuerte conexión entre la tierra y el cielo.

Cantar también es una parte muy importante a la hora de hacer rituales vudú. Los practicantes cantan para mostrar su forma de adorar al dios y a los espíritus. Por lo general, se les puede ver cantando mientras también aplauden, golpean con los pies y dan palmadas. Tocar los tambores también era parte del ritual cuando todavía había esclavos, y eso sólo lo hacían durante la ceremonia pública llevada a cabo en la Plaza Congo cada semana.

. . .

Las canciones que se tocan en los rituales suelen describir las personalidades únicas de cada deidad.

Mencionan los nombres de las deidades, sus orígenes, gustos y disgustos, fortalezas, debilidades y responsabilidades. Varias canciones reflejan los tonos utilizados en las canciones de la iglesia católica romana, y existe una conexión entre los santos en esa religión con las deidades famosas en África.

Además de las canciones, la música y danza, el vudú de Nueva Orleans también utiliza muñecos gris-gris, talismanes y pociones. Todavía se pueden encontrar estos artículos en las casas y en las tiendas en toda la ciudad.

Esto le recuerda a todo el mundo de la fascinación de Nueva Orleans, no solamente con los espíritus sino también con el misterio y la magia.

También practican el vudú a través de los baños espirituales, ceremonias personales, rezos y lecturas. Hoy en día, aquellos que continúan con esta práctica también creen que es una ayuda muy importante para curar la ansiedad, la depresión, la soledad y las adicciones.

. . .

Muchos también lo utilizan para ofrecer ayuda a los enfermos, a los hambrientos y a los pobres.

Personajes famosos en el vudú de Nueva Orleans

El vudú de Nueva Orleans también presenta al mundo unos cuantos de los personajes más famosos. Estos personajes son reinas famosas de vudú quienes representan a las practicantes femeninas más influyentes de la religión, y son conocidas por ejercer un inmenso poder en las comunidades. Esto llevó a la mayoría de las danzas rituales y las reuniones ceremoniales.

Entre los nombres más poderosos y famosos en el vudú de Nueva Orleans se encuentran los siguientes:

- Marie Laveau. Marie Laveau (1794-1881) fue la reina vudú más popular durante su tiempo. Muchos incluso llegan a nombrarla como la más poderosa y eminente de muchas reinas vudú en Nueva Orleans. Incluso las personas más ricas, los dueños de plantíos, hombres de negocios, abogados y políticos se acercaron a ella para pedir consejo. Le pedían su opinión cuando necesitaban decidir en asuntos relacionados con negocios o financieros. Laveau también ayudó a los esclavos y a los pobres.

Laveau era tan poderosa que dominaba incluso a los otros líderes renombrados del vudú en Nueva Orleans. También era una católica devota, así que alentó a las personas a participar en las celebraciones de misa católica. Con su gran influencia, ya no era una sorpresa ser testigo de que las prácticas católicas romanas fueran adoptadas en el sistema de creencias vudú.

Las personas también la recuerdan por la forma en la que demostraba compasión por los pobres y los menos afortunados. Además de eso, también se descubrió que le gustaba llenar su casa de imágenes de los santos, velas, artículos y altares diseñados para mantenerla protegida de los espíritus.

Incluso hasta la actualidad, los practicantes del vudú reconocen el papel de Laveau en la práctica de su religión. De hecho, el lugar donde está enterrada se volvió una atracción turística. Los practicantes y creyentes del vudú todavía continúan mandando regalos a su tumba.

Ella sigue siendo una figura importante en el vudú de Luisiana y una parte importante de toda la cultura de Nueva Orleans.

- Doctor John. Si existe una reina famosa en el

vudú, también existe un Dr. John, quien es el rey más popular en el vudú de Nueva Orleans.
Nacido en Senegal, el Dr. John fue secuestrado y traído a Cuba como un esclavo. Después, se mudó a Nueva Orleans, donde participó en la comunidad vudú.

Fue durante este tiempo cuando sus habilidades en los aspectos del vudú medicinal fueron reconocidas. Las personas lo consideraban un sanador increíble. Muchos creían que incluso podía resucitar a los pacientes moribundos por medio de rituales vudú. Eventualmente se volvió el maestro de Marie Laveau y hoy en día es reconocido como uno de los líderes más importantes en el vudú de Luisiana.

El vudú de Nueva Orleans moderno

En la actualidad, muchas personas siguen practicando el vudú en Nueva Orleans. Los practicantes lo hacen principalmente para ofrecer sus servicios a otros. Muchos también realizan vudú para influenciar en los eventos de la vida ya que se conectan con los espíritus y los ancestros.

Es común que los practicantes del vudú lleven a cabo sus rituales de forma privada. También puedes encontrar muchos lugares que proporcionan ayuda para rituales y lecturas. Nueva Orleans incluso tiene un templo establecido formalmente para el vudú, el Templo Espiritual Vudú, que se puede encontrar al otro lado de la Plaza Congo.

También se pueden encontrar museos en la ciudad donde puedes aprender sobre la historia del vudú de Nueva Orleans y sus famosos rituales, altares y artefactos. El vudú en la ciudad incluso llegó a ser comercializado durante los primeros años del siglo XXI.

Los intereses comerciales querían la capitalización del gran interés de las personas en esta religión. En la actualidad, incluso se pueden ver tiendas que venden gris-gris, polvos, velas y amuletos que se ajustan a la necesidad de los practicantes y turistas que quieren aprender más sobre el vudú.

2

Bondye y los dioses vudú

Como en muchos otros sistemas espirituales paganos y de creencias, los practicantes de vudú también creen en diferentes deidades, espíritus, dioses y varios aspectos divinos. La creencia suele basarse en la dirección mundial de los practicantes y adoradores. Con sus diferentes vertientes regionales, como la haitiana, la de Nueva Orleans, el Hoodoo y la del Valle del Mississippi, puedes llegar a creer que es una práctica confusa. Aun así, puede ser mucho más fácil comprender al mirar de cerca los principios fundamentales de cada sistema.

Una forma de hacer esto es aprender sobre las deidades que los sistemas y las vertientes tienen en común y las energías similares que comparten.

. . .

Un factor importante sobre el vudú que puede ayudarte a comprenderlo incluso mejor, a pesar de sus muchas variantes, es que se trata de una religión monoteísta.

Esto significa que sus seguidores solamente creen en un dios. Aquí es donde entra Bondye en escena, ya que él es el ser supremo en quien tienen fe los practicantes del vudú. Aunque interactúan y se comunican más con los Loa o los espíritus, es el buen dios, Bondye, a quien consideran que tiene el mayor poder en el reino espiritual.

Para que los practicantes puedan realizar vudú sin preocuparse sobre ser aceptados en la sociedad, las deidades y Loa (espíritus) relacionados con la jerarquía católica y cristiana tienen que ser reconocidos. Al hacer esto, parece que están pidiendo a un santo específico conocido en la religión católica cuando, de hecho, están comunicándose con un miembro del Panteón Vudú. Esto es comprensible cuando se observa la historia de esclavitud y el truco utilizado por los esclavos para continuar con sus prácticas religiosas.

Algunas conexiones con los santos católicos romanos son claras y obvias. Un ejemplo de San Patricio, conocido por ser el santo que expulsó las serpientes de Irlanda.

Este santo fue relacionado con Dambulla, el cual es conocido como Loa en el vudú.

San Pedro y Loa Papa Legba también están conectados, considerando que los dos fueron a quienes se les confiaron las llaves. Similar a San Pedro, con las llaves tanto para el cielo como para el infierno, Papa Legba es a quien tienes que invocar para llegar a otros Loas.

Bondye es el ser superior

En la religión vudú, sólo un dios es considerado supremo, y ese es Bondye. Se le llama el dios creador que fácilmente se puede reconocer como parte de la religión vudú.

También es la cabeza del panteón. Como el único dios supremo, los Loa o espíritus responden a él. Estos espíritus incluso necesitan actuar como intermediarios entre este dios supremo y los humanos.

Al tener Bondye un poder superior entre todas las deidades y espíritu conocidos en el vudú, su existencia es tan profunda que los humanos no pueden comprenderla.

Su nombre deriva del término francés "Bon Déu", lo que significa "Buen Dios". Él hubiera obtenido ese título incluso si no tuviera una contraparte maligna en el reino de las deidades vudú.

En el vudú, puedes medir la bondad de una persona basándote en que tanto sus acciones incrementan o reducen el poder de Bondye. Esto significa que la prosperidad, la felicidad y la libertad que hacen a una comunidad más fuerte mientras protegen la vida son buenas para la humanidad. Las personas que tienden a destruir estas cosas son consideradas malas.

Similar al dios abrahámico en las religiones judía, islámica y cristiana, Bondye también es remoto. Es inaccesible, razón por la cual tus pedidos de ayuda, desarrollo y asistencia, además de los rezos, no sólo deberían estar dirigidos a las otras deidades, sino también a otros aspectos estrechamente relacionados con el plano terrenal.

Sería cómo dirigir sus rituales y oraciones, incluyendo encender velas, a los santos involucrados con ciertas áreas de influencia. Siguiendo las creencias de los practicantes del vudú, Bondye también es conocido como el principio superior del universo.

Reconocido como el dios creador, él tiene la responsabilidad de mantener la actividad humana y universal en orden. Este dios también es reconocido como la entereza de toda la humanidad. Es de él de dónde surgen todas las formas de vida.

El vudú y los Loas

Loas también se refiere a los espíritus reconocidos tanto en el vudú de Luisiana como en el de Haití. También son con quienes se comunican e interactúan todos los creyentes del vudú. También escrito Lwa, se refiere a los espíritus principales que forman parte de cualquier variación del vudú. El término deriva de la palabra francesa *loi*, que significa *ley*. Obtuvieron ese nombre debido a que cada espíritu representa una ley de la condición humana o ley de la naturaleza.

Se pueden relacionar estos espíritus con los orishas de la religión yoruba y los nuevos movimientos religiosos similares de los afro caribeños. Los Loas también pueden ser diferenciados de los orishas porque los primeros no pueden ser categorizados como deidades, sino espíritus, ya sea que se originen de lo divino o de los humanos. Bondye creó a estos espíritus para que los vivos pudieran recibir ayuda y asistencia en sus asuntos diarios.

Los Loas sirven como intermediarios entre Bondye y la humanidad, considerando que este creador supremo se reconoce por ser distante del mundo y la humanidad.

Una cosa que se debe tomar en cuenta sobre los Loas es que no son como ángeles o santos a los que simplemente hay que rezarles; debes servirles.

. . .

Los Loas son fuerzas de la naturaleza, pero también puedes esperar que tengan su propia mitología personal y personalidades únicas. Cada uno es distinto, por lo que tienen sus propios gustos y disgustos, formas particulares de servicio y canciones sagradas, ritmos, símbolos rituales y danzas únicas.

También es por medio de un Loa en particular que Bondye manifiesta su voluntad. Son espíritus capaces de manifestarse como fuerzas con un gran impacto en la vida diaria de las personas. Teniendo eso en mente, te darás cuenta de que las ceremonias vudú se concentran principalmente en los Loa en vez de en Bondye. Aquellas personas que practican esta religión ofrecen algo a los Loa. Aparte de esto, estos espíritus suelen poseer a los practicantes, lo que hace posible para ellos interactuar y comunicarse directamente con la comunidad.

A veces, aquellos que no están familiarizados con el vudú se refieren a los Loas como dioses, pero esto es un error. Recuerda que son principalmente espíritus que sirven de intermediarios entre Bondye y el mundo físico.

Venerar o adorar a los Loa

. . .

Para la mayoría de los practicantes y devotos, el Loa tienen una gran influencia en sus vidas. Creen firmemente que tienen una intensa y demandante, pero satisfactoria relación con los Loas. Como devotos, ofrecen sus servicios a estos espíritus a los que no sólo respetan y aman, sino que también temen.

Un método de mostrar respeto es añadir el prefijo Papa (papá), Maman (mamá) o Maitresse (Señora) cuando se refieren a los Loa. Al demostrar su piedad y devoción al Loa en el que creen, también esperan recibir de ellos protección, favores y bendiciones a cambio.

Los practicantes del vudú también demuestran su devoción y respeto a los Loas al llevar a cabo ceremonias.

Durante estas ceremonias, ellos pueden mostrar claramente qué tan intensa es su relación con los Loas en los que tienen fe.

Estas ceremonias equiparan los servicios religiosos que suelen llevar dentro de un ounfó con el houngan (sacerdote) vudú o la mambo (sacerdotisa) vudú proporcionándola.

El lugar donde se lleva a cabo la ceremonia también tiene un peristilo, el cual es un espacio semiabierto que suele estar localizado en la entrada. La parte central es donde los practicantes realizan sus rituales públicos. También se puede notar un pilar en el medio que tiene representada con un diseño muy hermoso una serpiente ascendente.

Con este pilar, el suelo se conecta con el techo.

En este pilar donde los Loas ascienden o descienden. Con esto, es seguro decir que este pilar, también llamado *poto mitan*, tiene un papel muy importante cada vez que ocurre una ceremonia vudú. Esta columna también tiene una fuerte conexión con Papa Legba (el guardián del cruce de caminos) y Danbala.

Una ceremonia vudú, cuyo objetivo es llamar a los Loas, involucra mucha danza, canciones y música, dibujos espirituales o trazado vèvè, tambores y rezos. Estas actividades tienen la intención de invitar al Loa a participar en la ceremonia, unirse a los vivos, y recibir y aceptar cualquier sacrificio u ofrenda que los devotos le presenten.

Una señal de haber llamado exitosamente a un Loa es cuando él o ella llega cabalgando a uno de los asistentes. Esta persona suele ser la mambo o el houngan que preside el servicio o la ceremonia religiosa. Cuando esto ocurre, el espíritu tiene la oportunidad de comunicarse con aquellas personas que son parte de la ceremonia. Aquí, los seres vivos pueden comenzar a presentar sus peticiones y hacer preguntas al Loa para que así puedan aprovechar al máximo la presencia del espíritu.

Un hecho sobre los Loas que deberías saber es que demuestran una conducta única y distintiva que hace que sean fáciles de reconocer. Muchos incluso tienen acciones y frases específicas que puedes relacionar inmediatamente con ellos.

Una vez que el Loa es reconocido, el símbolo dedicado explícitamente a él o ella finalmente se entrega.

Por ejemplo, existe un Loa conocido como Erzulie Freda, quien sólo acepta champaña rosa. Mientras que los regalos perfectos para Papa Legba son su bastón, su pipa y su sombrero.

Las tres principales familias de Loa

Como se ha mencionado antes, los practicantes del vudú deben servir y adorar al panteón de espíritus conocido como Loa. En vudú moderno, los practicantes comunican sus preocupaciones al Loa de los espíritus y suelen interactuar con ellos, estos suelen estar en seres categorías principales de familias o naciones: Rada, Petro y Ghede.

· · ·

Vamos a conocer más sobre cada familia y los espíritus o Loas que pertenecen a cada una.

Espíritus Rada Loa

Esta familia se originó en África. Abarca las deidades y espíritus que los esclavos (traídos al nuevo mundo) un Rabanne y respetaban, así que eran los Loas originales.

Se volvieron los espíritus primarios en la nueva religión sintetizada en este lugar. La mayoría de los espíritus que pertenecen a esta familia son creativos y benevolentes.

También son principalmente espíritus de agua, razón por la cual se les puede ver servidos con agua.

Los espíritus Rada Loa también son reconocidos por su naturaleza tranquila porque son menos agresivos que los espíritus y deidades que pertenecen a la familia Petro. Cuando se les sirve a los Rada Loa es importante recordar que el color más apropiado es blanco. También tienen personalidades estables y es más probable que manifiesten una postura más defensiva que agresiva.

. . .

Entre los espíritus o Loas más prominentes en la familia Rada están:

- Papa Legba

La religión vudú considera a Papa Legba como su Loa más importante. Asociado con el cruce de caminos, actúa como el guardián de la puerta, haciendo posible que los practicantes y devotos del vudú puedan interactuar y comunicarse con el espíritu.

Por ser la deidad del cruce de caminos, tiene el control total sobre la puerta entre el mundo de los vivos y el mundo espiritual.

No es una sorpresa, las personas lo perciben como la contraparte de San Pedro en el catolicismo romano. Papa Legba tiene una gran conexión con los perros callejeros y se aparece como un hombre viejo con muletas. Por lo tanto, sus símbolos incluyen perros callejeros, tabaco y pipa, y cruce de caminos espirituales.

La ofrenda más apropiada para él son el ron, tabaco, pollo especiado y guisantes negros. También querrás sacrificar animales para él, principalmente cabras y gallos.

- Loko

Percibido como el patrón de las plantas y los sanadores, particularmente los árboles en el vudú, Loko tiene una gran conexión con los árboles. Es el guardián de los santuarios y el espíritu de la vegetación. Escapa de proporcionar propiedades curativas a las plantas.

Es considerado por muchas personas como el dios sanador, también es el patrón de la mayoría de los doctores herbales. Suelen invocar este espíritu cada vez que necesitan realizar un tratamiento. Suelen poner las ofrendas para él en una bolsa de paja que luego cuelgan en las ramas.

Una característica reconocible de Loko es el palo que carga en sus manos. También se le puede reconocer por la pista de que es su sirviente a fumado. Los colores que más le gustan son el blanco y el rojo. Por lo tanto, algunas ofrendas animales apropiadas para este espíritu son cabras blancas o negras y bueyes color rojizo.

Muchas personas también reconocen a Loko debido a su excelente juicio. Tomando eso en cuenta, no es una sorpresa ver que se le llame para actuar como juez cuando hay conflictos. No tolera la injusticia. Se puede transformar en el viento para escuchar a los vivos sin que ellos lo sepan. Aun así, sus deberes principales siempre serán en la madera y en la vegetación selvática.

- Agwe

Agwe también es otro famoso Rada Loa que eres identificado con el espíritu del agua. Con su representación del agua, no es una sorpresa que los marineros se interesen en este Loa. Cuando se realizan ceremonias para él, es aconsejable hacerlo cerca del agua. Algunas ofrendas que le complacen son ovejas blancas, ron, armas de fuego, barcos de juguete y champaña.

Se le ofrendan estos regalos al dejar que floten en la superficie del agua. Si los regalos u ofrendas regresan a la costa, significa que Agwe los ha rechazado. Respecto a los colores, los que más lo representan suelen ser el blanco y el azul. Este Loa también está relacionado con el santo católico romano conocido como San Ulrich. La razón es que San Ulrich fue visto sosteniendo pescado, por lo que tienen una gran conexión con el agua.

- Damballah-Wedo

Damballah-Wedo es otro de los Loas más importantes, en particular en el vudú de Nueva Orleans y en el vudú haitiano. Este espíritu tiene una gran conexión con el acto de la creación, ya que fue él quien le ofreció ayuda a Bondye para crear el cosmos.

Representado por una serpiente o una serpiente gigante, lo podrás ver manifestando una conducta como de serpiente cuando llega a poseer a un humano. Esto significa que hace muchos silbidos y siseos en vez de hablar.

No obstante, los giros de Damballah-Wedo tuvieron un papel muy importante a la hora de darle forma a la tierra y a los cielos. Posee mucha magia sanadora, sabiduría y conocimiento. Puede mover los cielos y la tierra y sostener la fuerza constante que representa la veneración a la vida. Como creador, es conocido por ser un padre amoroso para cualquier cosa que ha creado.

La simple presencia de este Loa es suficiente para traer paz y armonía. Él es la fuente principal de vida con una gran conexión con la lluvia y con el agua. Hay un par de santos relacionados con él en la religión católica romana, uno de los cuales es San Patricio, quien logró expulsar exitosamente las serpientes de Irlanda.

Otro personaje religioso importante relacionado con Damballah-Wedo es Moisés, con su bastón transformado en serpiente para demostrar el poder de Dios. Le gustaba el color blanco. Respecto a sus ofrendas, se le puede regalar jarabe de maíz, huevos montados sobre harina, objetos blancos como flores blancas, y gallinas.

- Erzulie Freda

Esta Rada Loa es reconocida como la señora que gobierna el reino de la riqueza y el amor. Los practicantes y devotos del vudú pueden llamar o pedirle a esta Loa que cambien su condición financiera actual o añadir romance a sus vidas. No obstante, debes tomar en cuenta que el amor que Erzulie proporciona no suele durar mucho. La razón es que ella tiende a concentrarse más en los asuntos breves pero eróticos y apasionantes de aquellos que le piden ayuda.

Erzulie Freda también es conocida por su pasión, capricho, por ser volátil y su naturaleza coqueta. Los colores que la representan incluyen el azul claro y el rosa. Las ofrendas que le agradan incluyen flores, palomas blancas, perfumes, pasteles dulces y champagne.

Algo que se debe considerar sobre Erzulie es que llora cuando ella logra poseer exitosamente a un devoto o un practicante durante una ceremonia o ritual porque ella suele terminar poco satisfecha con incluso los objetos más lujosos que se le ofrecen. Ella es la contraparte de la Madre Dolosa en la fe católica romana.

Espíritus Petro Loa

Los espíritus o Loas en la familia Petro vienen del nuevo mundo, más específicamente del Haití moderno. Sin embargo, no se pueden encontrar a los Loas o espíritus de esta categoría en la práctica del vudú africano.

Por lo general, esta familia consiste de espíritus naturalmente más agresivos, comparados a otras familias. También son intensos y belicosos. Los espíritus de esta categoría también tienen personalidades más oscuras que las de Rada, pero ambas familias no se pueden poner en categorías buenas y malas de forma inmediata. Si haces esto, corres el riesgo de interpretar equivocadamente, haciendo que el ritual diseñado para ofrecer ayuda o causar daño sólo involucre a una de ellas.

En vez de eso, recuerda que incluso los Rada Loas, quienes parecen ser todo blanco y puro, también tienen contrapartes Petro en ellos. Esto significa que también tienen su lado oscuro y agresivo, aunque no es tan inminente como los de la familia Petro. En otras palabras, mientras que los espíritus Rada suelen ser percibidos como benevolentes o pacíficos, también pueden hacer magia maligna.

Los espíritus Petro, por otra parte, a pesar de su naturaleza agresiva, también realizan trabajos beneficiosos como la sanación. Sin embargo, puedes decir con precisión que ambas familias son frío y caliente, respectivamente.

Para conocer más sobre esta familia, aquí hay algunos de los Loas o espíritus más reconocidos en la familia Petro:

- Erzulie Dantor

Erzulie Dantor es el lado Petro de Erzulie Freda. Ella es un espíritu vengativo y feroz que vuelve a la vida cuando los practicantes tienen problemas de independencia.

Muchos practicantes del vudú la invocan para castigar a un amante que ha abusado de su pareja o a cualquiera que ha causado un daño serio a sus hijos.

A pesar de su naturaleza dura y salvaje, ella actúa como una madre, una madre perfecta que genuinamente se preocupa y vigila a sus hijos. Ella es disciplinaria y no tolera los malos comportamientos en los niños.

Representada como una Madre amorosa y protectora, también se le puede asociar con Nuestra Señora del Monte

Carmelo, Nuestra Señora del Perpetuo Socorro o la Virgen de Lourdes. Todas ellas reconocidas en la religión católica.

Una ofrenda que es muy probable que hacerte es *kleren*, lo que se refiere a una bebida fuerte en una infusión de ron con chile picante. También le gusta recibir chícharos y arroz como regalo. Respecto a los animales que se le pueden ofrendar como sacrificio, el mejor sería el cerdo criollo salvaje. También le gusta cualquier cosa que sea color rojo sangre o azul marino.

- Marinette

Otra Loa de la familia Petro es Marinette. Ella es una Loa de violencia y poder reconocida en el vudú haitiano. Entre todos los Loas vudú, ella es considerada la más temida considerando lo poderosa y lo cruel que es. Los hombres lobo la respetan. No le gusta cuando las personas queman humanos y animales. Estas situaciones provocan que ella sea cruel, aunque sólo demuestra su crueldad cuando odia a alguien.

Otro hecho sobre Marinette que deberías saber es que su adoración no es una práctica extendida en Haití, aunque se puede ver que su popularidad crece rápidamente en las áreas del sur. Sus devotos llevan a cabo ceremonias para ellas bajo una tienda de campaña. Implica encenderla con un gran fuego y arrojarle gasolina y sal.

Los colores ceremoniales dedicados a Marinette incluyen el negro y un rojo sangre. También le gusta cuando los practicantes del vudú le ofrecen gallos negros y cerdos negros desplumados vivos durante la ceremonia.

- Met Kalfu

Met Kalfu tiene rasgos y aspectos opuestos al Papa Legba. También tienen control de los cruces de caminos y es capaz de garantizar o denegar tu acceso a otros espíritus o Loas. Además, él permite que la mala suerte, las injusticias, las desgracias y la destrucción deliberada pasen. También está relacionado con la mayoría de las fuerzas malignas que existen en el mundo.

Muchas personas incluso consideran a Met Kalfu como un tramposo y destructor de vida.

Con esta reputación negativa, quizás no sea el espíritu perfecto a quién pedirle ayuda al inicio. Sería mucho mejor acercarse a los Loas en Rada antes de acercarse a cualquiera de la familia Petro. Así pues, Met Kalfu no es el espíritu más adecuado para cualquiera que desea llamar o convocar sin una razón.

La mala reputación de Met Kalfu combinado con el hecho de que la versión oscura del Papa Legba, es la razón por la cual suele ser sincretizado con Satanás. El favorece el color rojo y ama las ofrendas en forma de ron con pólvora.

Espíritus Ghede Loa

La tercera familia de Loas es conocida como Ghede. Los espíritus que pertenecen a esta familia son muertos que no se recuerdan o que no fueron reclamados. Además de representar a los espíritus muertos, también simboliza el proceso de la misma muerte, lo cual todos los vuduistas creen que es un simple paso o transición de un estado a otro. Esto significa que la muerte es un escenario al que no deben temer.

Como familia, los espíritus de Ghede son considerados groseros y ruidosos. Los espíritus aquí también transportan las almas de los muertos. Tienen conductas irreverentes y suelen ser quienes hacen bromas sexuales u obscenas. También hacen bailes después del acto sexual.

Aparte de eso, los Ghede Loas o espíritus pueden celebrar la vida incluso si alguien ya está cerca de la muerte. Los colores tradicionales de esta familia incluyen el morado y el negro.

- Barón Samedi

Él es una de las figuras más prominentes en la religión vudú. Es tan importante e influyente que lidera la familia Ghede. Es el Loa que representa la resurrección, las tumbas y los cementerios. Este espíritu suele ser caótico y disfruta comunicarse con las personas. También le gusta el morado y el negro, fumar y beber.

Un hecho importante sobre su personalidad que necesitas saber es que es naturalmente mórbido. El salvaje, bullicioso y ruidoso, le encanta pasar un buen rato.

Incluso si bebe mucho y tiene un inmenso estilo de vida fiestero, este líder de la familia Ghede sigue actuando con estilo y clase. Incluso protege y vigila a los muertos.

El Barón Samedi de la contraparte de San Martín de Porras. Le gustaba el color blanco, morado y negro. Le gusta aceptar regalos de ron, cacahuates asados, pan, cigarros y café negro. Además de ser el jefe de aquellos que han muerto, el Barón Samedi también actúa como dador de vida. También es el esposo de Maman Brigitte.

- Maman Brigitte

Para aquellas personas que practican la religión vudú de Nueva Orleans y EL vudú de Haití, Maman Brigitte es un prominente Loa. Ella está relacionada fuertemente con los cementerios y con la muerte, pero muchos también la consideran el espíritu principal de la maternidad y la fertilidad. También es un Loa extremadamente importante ya que absorbe las denuncias de otras culturas en el vudú.

Ella también es una fuerte representación del ideal femenino en la religión.

A pesar de su naturaleza materna, Maman Brigitte es conocida por ser protectora, fuerte y agresiva de modo que puede castigar a cualquiera que no respete a los muertos. Ella cantidad a cualquiera que no le proporcione a los muertos una sepultura apropiada.

La mayoría de los practicantes y devotos del vudú también la invocan para la buena suerte cuando están apostando. Sus colores ceremoniales favoritos son el morado y el negro. Respecto a las ofrendas, entre sus favoritas están los gallos negros, ron con pimienta y velas. María Magdalena es su contraparte en la religión católica romana ya que tienen unas cuantas similitudes respecto a lo considera de tu imagen.

El matrimonio místico (Maryaj Mistik)

. . .

Otro aspecto sobre los Loas que tienes que aprender involucra el matrimonio místico (Maryaj Mistik). Es un aspecto importante de los Loas ya que es una situación común entre los adeptos al vudú, a pesar de si ya han pasado por una iniciación. Sucede como parte de un ritual llamado matrimonio místico.

Todo el ritual se parece a una ceremonia de matrimonio real llevada a cabo para dos personas. Esto significa que también requiere el uso de una vestimenta especial y la presencia de un sacerdote, anillo de matrimonio y pastel de bodas. El objetivo principal de realizar un matrimonio místico es crear una relación especial con un Loa, lo cual se cree que ayuda a ganar más protección espiritual de su parte.

Un tabú relacionado con esta forma específica de matrimonio es el requisito de abstenerse de sexo en cualquier celebración relacionada con el Loa. Esto es necesario para asegurar que el practicante o devoto con quien se casa el Loa siga recibiendo mensajes de su pareja espiritual. Estos mensajes suelen mandarse a través de sueños durante la noche específica en la que se requiere la abstinencia.

Es común que los practicantes o devotos elijan casarse con su mèt tèt. Este es el Loa que se cree que camina con la persona, ya sea a través de una consulta espiritual o adivinación, o no. En la mayoría de los casos, el devoto y su mèt tèt tienen un gran parecido en lo que se refiere a las personalidades. Por ejemplo, si tienes a Erzulie Freda como tu mèt tèt, también puedes tener su personalidad, incluyendo ser frívolo y generoso.

3

Volverse un vuduista

Para volverse un vuduista o solamente aprender sus costumbres, entonces deberías comprender las creencias compartidas de aquellos que lo practican. Ya tuviste un vistazo de estas creencias en los primeros dos capítulos, pero es momento de investigar un poco más a fondo. De esta manera, sabrás exactamente cómo se practica el vudú y cómo puedes hacerlo de forma independiente.

La verdad sobre el vudú

A diferencia de lo que creen muchas personas, la comunidad vudú no gira en torno al crear zombis, convocar espíritus malignos y matar gallinas y otros animales si en alguna razón.

. . .

Los hechizos vudú, necrománticos y de naturaleza suelen realizarlos los practicantes del vudú para servir, interactuar y comunicarse con los poderosos Loas o espíritus.

Similar a la religión Wicca, el vudú suele entenderse de forma errónea. Muchas tradiciones y creencias en la Wicca y en la fe judeocristiana también son parte de la comunidad vudú. Tomando eso en cuenta, los practicantes del vudú creen en celebrar eventos de vida importantes, como los nacimientos, muertes y matrimonios.

Aquellos que son parte de la comunidad vudú creen en los espíritus (Loas) y en un solo dios jefe o supremo, lo cual también es similar al cristianismo.

También tienen sus versiones de sacerdotes y sacerdotisas que contactan a los Loas cada vez que realizan rituales extensos. Ellos suelen ser poseídos o cabalgados por los espíritus. Incluso si esta forma de posesión no tiene nada que ver con la magia negra, los que no están entrenados ni familiarizados todavía pueden considerar que es una experiencia perturbadora. Así pues, sólo debes intentar hacer los hechizos complicados de vudú cuando hayas aprendido los hechos y aspectos más importantes.

El nacimiento de los malentendidos

. . .

Ya no es un secreto, existen muchas ideas erróneas en torno al vudú. La mayoría de estos malentendidos se originen de un libro escrito por Sir Spenser St. John en 1884, titulado *Hayti: o la República Negra*. Se describía equivocadamente el vudú, mostrándolo como una religión maligna que implicaba actos malignos como canibalismo y sacrificios humanos.

La forma en la que el vudú fue descrito y representado en el libro es aterrador, por lo que las personas que no eran parte de esta comunidad comenzaron a tenerle miedo. Causó muchas interpretaciones erróneas sobre el vudú que se fueron extendiendo desde ese momento hasta la actualidad. El miedo y los malentendidos aumentaron más cuando Hollywood también representó el vudú de una forma poco favorable y negativa.

Creencias del vudú y el cristianismo

Las raíces del vudú en el oeste de África vienen de prácticas antiguas relacionadas con el animismo y la adoración a los ancestros.

Esto significa que creían firmemente que los espíritus podían habitar todas las cosas, como plantas y animales.

. . .

Como ya se ha mencionado antes, los practicantes y devotos de la religión también tienen una gran fe en Bondye, el dios supremo y todopoderoso que se mantiene alejado de los asuntos humanos. Debido a esta separación de Dios de los humanos, se ha vuelto un hábito para los practicantes pedir ayuda a los espíritus de sus ancestros y a los espíritus de la naturaleza para que puedan encontrar soluciones a sus problemas.

Los vuduistas también creen que los Loas y los humanos tienen relaciones recíprocas. Le ofrecen comida y otros regalos posibles que pueden agradar al Loa al que quieren apelar, para así recibir a cambio la ayuda o asistencia del espíritu. Durante los rituales, se fomenta que los Loas posean a los creyentes y los devotos presentes, permitiéndoles interactuar directamente con los espíritus.

Basándose en las creencias de la comunidad, las religiones vudú y católica romana tienen unas cuantas similitudes.

Ambas religiones son similares en el sentido de que sus practicantes y devotos creen en:

- Un ser supremo
- La vida después de la muerte
- Ceremonias que requieren el consumo de un cuerpo y sangre
- Demonios y espíritus malignos

Aparte de eso, los vuduistas también creen en un mèt tèt, que significa cabeza maestra. Puedes acceder a este mèt tèt dentro de un Loa. Cuando se compara con el cristianismo, el mèt tèt es la contraparte del santo patrono.

Los Loas también se parecen a los santos del cristianismo ya que alguna vez fueron reconocidos como personas que vivieron vidas extraordinarias e increíbles. Como los santos, las deidades también tienen atributos y responsabilidades únicas que todos los seres vivos deberían intentar seguir.

Los Loas también son diferentes de los santos en la religión católica romana porque algunos pueden entrar en la categoría de malignos. Por ejemplo, existe un espíritu maligno en la religión vudú conocido como Baka, quien se puede transformar en un animal. Otro Loa malvado en el vudú es Kalfu, quien controla las fuerzas malignas del mundo espiritual mientras que también está relacionado estrechamente con la magia negra.

Aun así, la mayoría de los espíritus en el vudú son buenos, razón por la cual sus atributos son compartidos con los santos cristianos. Los practicantes del vudú también creen en Vilokan, el lugar de no solamente en los Loas sino también de los fallecidos. Este hogar es representado como una isla boscosa y sumergida con Papa Legba en cómo su guardián y protector. Es él a quien los practicantes deberían apaciguar antes de intentar hablar directamente con cualquiera de los residentes en el Vilokan.

Rituales y prácticas

Los practicantes del vudú también creen firmemente en la importancia de hacer rituales con frecuencia para comunicarse con los espíritus. En la mayoría de los casos, los rituales incluyen estas prácticas:

- Sacrificios animales

Como el nombre sugiere, implica sacrificar animales durante los rituales vudú. Varios animales pueden ser asesinados y luego ofrecidos; los sacrificios dependen en gran parte del Loa específico al que se quieran dirigir los practicantes. Estas ofrendas tienen el objetivo de proporcionar sustancia espiritual al Loa.

La carne de los animales ofrendados, por otra parte, suele ser cocinada y luego comida durante el ritual por las personas que participan en él.

- Veves

Los rituales también incluyen el uso de dibujos que manifiesta de símbolos específicos que representan al Loa. Estos símbolos son conocidos en la comunidad como veves. Todos los Loas tienes veves o símbolos individuales que los practicantes deben dibujar o utilizar para adorar y convocar a los espíritus.

- Muñecos vudú

La mayoría de los vuduistas también creen en el importante papel que juegan los muñecos vudú durante los rituales. Deberías considerar que la percepción general de los practicantes del vudú picando el muñeco con alfileres no es un reflejo de la religión tradicional. En vez de eso, lo que hacen los practicantes es dedicar estos muñecos vudú a un Loa específico. También utilizan los muñecos para atraer la influencia del espíritu.

Los rituales que cada vuduista realiza suelen girar en torno a la interacción con el Loa.

Las ceremonias utilizan los veves junto con las canciones, cabeza, tambores y rezos. Creen en la necesidad de reunirse todos juntos para servir en comunión con el Loa. En la mayoría de los casos, las ceremonias que se establecen para un Loa específico también corresponden con el día festivo de un santo católico, en particular con el que está relacionado el Loa.

Aparte de eso, todos los practicantes deben dominar todas las formas del ritual. Tienen que recordar constantemente los propósitos primarios de los rituales, uno de los cuales es sanar cosas o *echofe*. Esto significa que tiene el objetivo de cambiar algo, ya sea facilitando el proceso de sanación o eliminando cualquier barrera.

Otra creencia importante del mundo respecto a realizar rituales es la necesidad de secrecía. Antes de los últimos años del siglo XX, los devotos practicaban esta religión en secreto.

El alma

La comunidad vudú también tiene la creencia de que existe un alma. Esta además tiene dos partes.

La primera es un pequeño ángel bueno (ti bon ange), el cual se refiere a la consciencia que hace que la persona se critique y reflexione. El segundo es un ángel grande y bueno (gros bon ange), el cual constituye muchos aspectos vitales de la persona, incluyendo su psique, personalidad, inteligencia y memoria.

Los vuduistas creen que estas dos partes esenciales del alma viven en la cabeza. Se dice que el gros bon ange es capaz de dejar tu cabeza y viajar cuando estás durmiendo o cuando un Loa te posee durante un ritual o ceremonia.

De acuerdo con los seguidores del vudú, existe una gran posibilidad de que esta parte específica de tu alma se dañe. También puede ser capturada o atacada por una magia maligna en un momento cuando no es parte de tu cuerpo.

Las dos partes del alma en la que creen los vuduistas son diferentes de la fe católica. La razón es que los católicos romanos creen que existe una sola alma. A pesar de eso, las dos religiones siguen siendo las mismas porque sus creencias incluyen la posibilidad de posesión maligna.

Ambas también utilizan exorcismos para erradicar al demonio o a la persona maligna que entró o poseyó a alguien.

Otra cosa importante que los vuduistas creen respecto al alma es que el espíritu del muerto es diferente de los Guede, a quienes llaman Loa. Lo que los hace diferentes es que los muertos tienen que seguir participando en los asuntos humanos, en particular aquellos que necesitan sacrificios.

Esta creencia específica es diferente del cristianismo. El vudú no les dice a los practicantes que hay una vida después de la muerte, lo cual es parte de las creencias cristianas respecto al cielo y el infierno. En la religión vudú, los espíritus de los muertos se quejan de estar en un reino húmedo y frío que también los hacen experimentar hambre.

Los sacerdotes (houngan) y sacerdotisas (mambo)

Al igual que en otras religiones, principalmente en la católica, la comunidad vudú también tiene su propia versión de sacerdotes.

Llamados houngan o oungan en la comunidad, los sacerdotes masculinos sirven como figuras dominantes en el vudú. También tienen su contraparte femenina, las sacerdotisas, conocidas como mambo. Basándose en números, el vudú haitiano rural es dominado por los houngan. Pero en las áreas urbanas parece haber un balance entre houngans y mambos.

Estas figuras dominantes en la comunidad vudú tienen roles muy importantes, entre los que están:

- Organizar liturgias
- Usar la adivinación para consultas de clientes
- Preparar rituales de iniciación
- Crear remedios de sanación para los enfermos

Los Loas determinan quiénes se pueden volver sacerdotes y sacerdotisas en el vudú. De acuerdo con las creencias de la comunidad, la persona destinada a volverse houngan o mambo recibirá el llamado de un Loa. Si la persona recibe el llamado, no debería rechazarlo. Esto se debe a que cualquier rechazo a la llamada puede causar desgracias.

Los practicantes del vudú creen que el papel del houngan se parece a lo que representa Loco, uno de los Loas más reconocidos. Loco, en conjunto con Ayizan, fueron los primeros en tener títulos de houngan y mambo en la comunidad, lo que los vuelve las dos fuentes de conocimiento.

Como figura dominante del vudú, el houngan y la mambo también necesitan demostrar su clarividencia. Es un don del creador supremo, al cual los miembros de la comunidad solamente pueden acceder por medio de sueños o visiones. Estas personas recibían su ingreso primario por los servicios brindados a la comunidad, por ejemplo, sanar a los enfermos y vender amuletos y talismanes creados por ellos mismos. Esto también significa que la competencia entre ellos era algo reñida.

Incluso hay ocasiones en las que se vuelven más ricos que las personas a las que sirven. Aun así, siguen estando entre los miembros más respetados e influyentes de la comunidad. Sin ellos, el vudú dejaría de existir. Con estos sacerdotes y sacerdotisas, la fe de la comunidad también gira en torno a dos fundamentos: la vida no tiene accidentes y todas las cosas están conectadas.

Es similar a las creencias de otros sectores religiosos en que los humanos no son independientes o separados. Son parte de una gran comunidad con fuertes conexiones entre ellas. Los sacerdotes también enseñan a los practicantes sobre la regla de oro de la vida: evitar hacer a los demás lo que no quieres que te hagan a ti.

Los templos vudú (Hounfo)

Los Hounfo están entre los aspectos de la comunidad en el que más creen los devotos. Este templo es el corazón de la mayoría de sus actividades comunales ya que es donde ocurren. Sin embargo, considera que no se puede encontrar una sola estructura uniforme para estos templos.

Cada uno varía de forma y tamaño. Puedes encontrar cabañas simples y básicas, hasta estructuras lujosas. Las más lujosas suelen ser las que se encuentran en Puerto Príncipe.

Un aspecto a considerar sobre los Hounfo que esté cada uno tiene un diseño único, pues depende del gusto y los recursos disponibles del sacerdote o sacerdotisa que lo administra.

. . .

Cada templo también es independiente y único para que puedas ver sus costumbres y tradiciones particulares.

En el templo puedes encontrar un peristilo, el cual se considera el espacio principal donde ocurren las ceremonias. Aquí puedes encontrar postes construidos con lámina corrugada, con pinturas brillantes, los cuales se utilizan para sostener el techo. Un poste en especial, localizado en el centro, se llama poto mitan, se utiliza como pivote cuando hacen danzas rituales. Los Loas también pasan a través del poste cada vez que hay una ceremonia para ellos.

El templo también es notorio por los muchos objetos sagrados que lo rodean. Ahí puedes encontrar cosas como una luz negra, una barra de hierro y una piscina con agua. También existen árboles agarrados utilizados para marcar los límites externos del templo. Un Hounfo con estos árboles agarrados rodeándolo también vienen con otros artículos santos que cuelgan de ellos, como geranios de animales y tiras de tela.

También se pueden encontrar diferentes tipos de animales, incluyendo pájaros y unos cuantos mamíferos, como cabras, dentro de los perímetros del Hounfo.

. . .

El propósito principal de tener estos animales es tenerlos a la mano para cuando se necesiten usarlos para sacrificios durante los rituales.

Las personas que se juntan en el templo son los miembros de un grupo espiritual o comunidad que practican seriamente y creen en el vudú. Estos miembros son llamados los hijos de la casa o los pititt-caye. Ellos adoran a los espíritus en el templo utilizando varias formas del ritual y a través de la supervisión y autoridad del houngan y la mambo.

También existe lo que se conoce como *ounsi*. Se refiere a aquellas personas que se comprometen a ofrecer sus servicios a los Loas de por vida. Hombres y mujeres de la comunidad pueden ser ounsi, pero la mayoría suelen ser mujeres. Tienen varios deberes y responsabilidades: ofrece sacrificios animales, participar en las danzas que requieran estar preparadas para la posible posesión de un Loa y mantener limpio el peristilo.

Para que un miembro de la comunidad se vuelva ounsi, él o ella debe participar en las ceremonias de iniciación que lleva a cabo el houngan o la mambo. En ellas, los sacerdotes y sacerdotisas supervisan y facilitan todo el proceso de entrenamiento.

También sirven como sanadores, protectores y consejeros para los aspirantes ounsi. Con los muchos papeles que tienen que asumir para que el objetivo del ounsi se cumpla, luego de demostrar su respeto y obediencia al siguiente.

Un ounsi también tiene la tarea de actuar como señora del coro o el hungenikon. La persona asignada con este papel tiene la importante tarea de supervisar el canto de la liturgia. Él o ella también necesitas controlar el ritmo de la ceremonia ayudándose con una maraca cha-cha que necesita ser agitada constantemente.

Otra figura importante en el grupo de los ounsi es el confidente o *confiance*. Este ounsi será quien supervise las funciones administrativas del templo vudú. Los que son iniciados por los sacerdotes y sacerdotisas también tienen que formar familias dentro de la comunidad.

Cualquiera interesado en volverse parte de la comunidad vudú puede participar en un templo específico si hay uno en la localidad donde vive. Si ya tienes un familiar que es miembro de una comunidad, también puedes ser parte de la congregación. Supongamos que quieres ofrecer tu servicio a un Loa específico. En este caso, también puedes encontrar templos vudú dedicados a ese espíritu. También es posible ser parte de una congregación en la que el houngan o la mambo haya hablado bien de ti.

Los rituales de iniciación

. . .

Ahora es momento de saber más sobre los rituales de iniciación que debes realizar para volverte un vuduista practicante.

Un hecho importante que debes recordar es que existe una jerarquía particular en esta comunidad, la cual requiere que los miembros potenciales realicen varios rituales de iniciación. Básicamente, tiene varios niveles, el último de los cuales permite que la persona tenga la posición más elevada en la comunidad, un houngan o una mambo.

La iniciación suele ser un largo proceso, ya que requiere varias semanas por lo general. En esencia, primero debes participar en el ritmo inicial, conocido como *kanzo*. En este, tu responsabilidad principal sería participar en las primeras ceremonias llamadas *bat ge*, que significa el acto de derrotar una guerra.

Es muy probable que te encuentres esto durante tu de iniciación, ya que estás ganando una batalla para asegurarte de que el vuduista aspirante tome posesión de los misterios.

Cada templo es diferente al basarse en el número de noches que suelen pasar realizando el *bat ge*. Sin importar el número, el objetivo del ritual será en un único y distintivo altar basado en los Petro, llamado *bila*. Una noche de bat ge también estará dedicada a una ceremonia llamada *pile fey*, la cual implica machacar hierbas.

Las hierbas machacadas serán usadas durante toda la duración del kanzo. Estas hierbas serán cargadas con poder específicamente a través de una ceremonia especial. También habrá una noche específica dedicada a la iniciación de los pakets. Esta ceremonia sólo requiere la participación de houngans y mambos.

Después de eso, ocurre una serie de baños especiales que simboliza la muerte de aquellos que tienen la intención de volverse vuduistas. Varios templos y casas vudú difieren en la cantidad de días o veces que realizan estos baños.

Algunos lo hacen por tres días, mientras que otros completan el proceso en solamente uno o dos días. La cantidad de baños que un candidato debe tomar puede ser diferente basándose en el templo o casa en el que se encuentra.

Respecto al proceso en sí mismo, se puede esperar que el candidato sea guiado en una procesión primero para llegar al sacerdote o sacerdotisa, quien lo bañara. Una vez hecho esto, puede descansar un momento mientras espera el siguiente procedimiento que debe realizar. El kanzo Kouche se refiere a aislar al iniciado y puede involucrar mucha danza.

Como parte de los iniciados, también necesitas alimentar a Ayizan con comida sagrada. Todo el ritual también involucra establecer un trono especial y distintivo para Ayizan. Haití, puedes esperar que Ayizan aparezca de vez en cuando al poseer a alguien. Su presencia se concentra más en bendecir a los iniciados. Después de eso, todos los iniciados deben permanecer aislados mientras realizan ciertas actividades que no deben ser reveladas a nadie.

Debes permanecer en aislamiento hasta por siete días.

Una vez que hayas completado ese tiempo, saldrás como una versión renovada, empoderada y fortalecida de ti mismo. Incluso puedes renacer como alguien nuevo.

Puedes ser como un houngan, mambo o como *hounsis*.

Antes de dejar tu área de aislamiento, debes pasar por otra ceremonia llamada *brule kanzo*. En ella, debes sostener harina de maíz hirviendo mientras se analiza tu habilidad para manejar el fuego. Esta actividad es importante, ya que sirve como prueba de que realmente eres fuerte. Cuando es momento de partir, serás guiado en una procesión una vez más mientras utilizas ropas blancas y un sombrero de paja. En la tarde te van a bautizar como parte de la comunidad, seguido de una fiesta para honrar tu iniciación y bautismo exitosos.

La terminación de tu periodo de aislamiento es la forma de entrar a la congregación y a toda la comunidad. La última etapa de todo este proceso de iniciación es probable que involucre recibir una maraca. Un Loa también puede poseerte, como el nuevo iniciado, por primera vez, lo cual marca el final de tu proceso de iniciación.

¿Deberías volverte un iniciado?

Si crees que volverte un iniciado es tu destino, deberías intentarlo. Considera pasar todo el proceso de iniciación para que finalmente puedas volverte un vuduista completo. No obstante, algo que debes considerar es que no todas las personas son aptas. No todas las personas consideran que el proceso es deseable y no están interesados realmente en lidiar con las responsabilidades de un iniciado.

A pesar de eso, la iniciación exitosa tiene muchas recompensas, aunque también requiere muchas responsabilidades. Incluso si no naciste en esta religión, de todas maneras puedes volverte vuduista al acercarte a las personas adecuadas en la comunidad.

. . .

Comunicarte con un houngan o mambo responsable todo lo que puedas. Con su ayuda, puede ser un iniciado para ser un vuduista, hounsi o incluso un houngan o mambo.

Sólo tienes que comunicarte con los miembros de la comunidad con mejor reputación que puedan invitarte a la iniciación antes de conocerte en ti y a tu potencial.

Recuerda que ser aceptado exitosamente en la comunidad se parece de alguna manera a una adopción o matrimonio si decides realizar la iniciación. En otras palabras, te volverás un miembro de la familia. Considerando eso, asegúrate de ser genuinamente feliz con tu nueva familia. Necesitas abrirte a ellos para que puedan aprender más sobre ti y aceptarte.

La paciencia también es importante. Considera que todo el proceso será largo, pero vale la pena. La mejor forma de lidiar con esto es hacer preguntas a los iniciadores y maestros. También debes revisar la reputación y las credenciales. Observa la forma en la que trabajan personalmente y las cosas que dicen cuando se comunican con otros. Si planeas aprender de un houngan o una mambo, elige uno con un entrenamiento y un historial de iniciación sólido y verificable.

. . .

Elige a una persona que sea madura y que tenga mucha experiencia. Te puede costar trabajo encontrar a la persona adecuada para enseñarte y entrenarte durante la iniciación. Aun así, con la paciencia y una guía constante de tus espíritus y ancestros, al final encontrarás lo que buscas.

4

Veves vudú

Ahora hablaremos de los símbolos o veves usados en la comunidad vudú. Todos los practicantes de la religión vudú se refieren a los veves como dibujos capaces de representar o simbolizar las deidades y los Loas a los que veneran.

A diferencia de otras religiones y tradiciones que utilizan imágenes y estatuas para simbolizar sus dioses, la comunidad vudú es reconocida por utilizar veves o símbolos vudú cuando ocurren las ceremonias.

La tradición vudú haitiana, por ejemplo, es reconocida por utilizar varios polvos para trazar al menos un sigilo esotérico para representar a cada Loa.

Un acercamiento a los veves

Si no estás familiarizado con los veves, la mejor forma de describir los serían inscripciones astrales y espirituales utilizadas para comunicarse con los Loas. No los puedes considerar como símbolos estilizados que se refieren a una iconografía compleja. En su lugar, estos veves son alfabetos que componen frases místicas con la intención de resumir cualquier concepto metafísico, ayudando así a comprenderlos.

Además de los símbolos vudú que caracterizan diferentes Loas, también aparecen muchos otros elementos. Debes añadir estos elementos tan importantes para proporcionar más significado o producir una acción más dinámica a cualquier corriente espiritual accesible.

Como parte de la tradición vudú, los practicantes apelan a los Loa y los invitan a poseer o cabalgar los cuerpos humanos. Esta es la única forma de interactuar o comunicarse directamente con ellos. Por eso, puedes esperar que los rituales y ceremonias vudú involucren mucha danza, cantos, música y tambores. Además de todas las prácticas mencionadas, los participantes deben dibujar símbolos vudú llamados veves.

Estos símbolos vudú son importantes porque también apelan a ciertos Loas, similar a como lo hacen ciertos colores, cantos y objetos. No solamente se dibujan cualquier veve en una ceremonia o ritual. Se debe dibujar un símbolo dependiendo del Loa específico que se ha llamado en la ceremonia.

Por lo general, el dibujo de estos símbolos debería realizarse en el suelo. Tienes que utilizar arena, harina de maíz o cualquier otro polvo para debutar los símbolos y luego borrarlos durante la ceremonia. Ya que el veve simboliza la verdadera figura de la fuerza astral, es importante cuando se llama al Loa. Durante cada ceremonia, puedes aprovechar el veve para reproducir la fuerza real que representa, lo que obliga a los Loas a bajar a la tierra.

Otro hecho importante sobre los veves es que cada uno varía según las costumbres locales y los nombres de los Loas. Algunos de estos veves también comparten unos cuantos elementos. Cada símbolo un también se realiza para reproducir los atributos del Loa y sus signos rituales.

Cualquier iniciado necesitas ser capaz de dibujar correctamente los veves. La razón se debe a que este símbolo se vuelve más poderoso si lo dibujas con detalles precisos.

Veves más importantes

Ya que son muchos los Loas en la religión vudú, es seguro decir que existen cientos de veves que puedes utilizar en una ceremonia. Sin embargo, unos cuantos se utilizan más seguido, por lo que son más importantes para la vida de todos los practicantes. Algunos de los más importantes incluyen:

Veve de Aizan

Aizan es el Loa que preside los rituales de iniciación. Ella tiene mucho poder por qué es una mambo. Su símbolo es un par de V contrapuestas. Se refiere a la V primitivamente andrógina, que también llevan ramificaciones que terminan en cuernos. En el símbolo se puede ver que se forma un diamante en el centro, el cual parece una hoja de palma.

El nombre de Ayizan significa tierra sagrada. Este nombre también deriva del término Azan, una palmera que se puede utilizar para marcar un lugar sagrado. Por eso, la palma es su símbolo primario.

Ayizan también es conocida por ser la primera mambo, por lo cual se les conecta con el misterio sacerdotal y el conocimiento, incluyendo aquellos relacionados con el mundo natural y los ritos de iniciación.

Como la Loa del comercio y de los mercados, se le puede llamar para proteger puertas, entradas, barreras, espacios públicos y mercados. Ella puede limpiar y purificar un lugar para crear un espacio sagrado. Se sincretiza con Santa Clara de la religión católica.

Veve de Papa Legba

Papa Legba probablemente es el Loa más antiguo e importante para el vudú. Muchos lo consideran el Loa de las entradas, puertas, caminos, cruces de caminos, trucos y hechicería. Tiene un rol tan importante en la comunidad vudú porque los espíritus no pueden llegar a la tierra sin su permiso.

Ya que tienen las llaves tanto de la interacción con humanos como con los Loas, se le puede identificar con el famoso santo católico, San Pedro. También actúan como una fuerte base para la religión.

El símbolo del Papa Legba es una cruz de lados iguales. Por eso se le relaciona con la cruz, razón por la cual algunos lo identifican con el Jesucristo católico.

También se le considera el sol, un elemento adorado por los practicantes por ser la fuerza que da la vida. Por lo mismo, también representa el este y el oeste, lugares donde es posible controlar la magia y crear vida.

. . .

Esto lo transforma en el Dios de la atracción. El punto cardinal que se puede ver en la cruz mágica de su símbolo es el este. Se le tiene que saludar primero porque él recibe a los Loas.

El dibujo también representa a Papa Legba como un hombre viejo. Los vuduistas lo relacionan con los cargadores de agua.

Esto se debe a que también tienen control total sobre los fluidos de la tierra, en particular la circulación y la sangre.

Además, también representa huesos, médula y vértebras. Se pueden ver estos objetos simbolizados.

Veve de Agwe

Agwe, el espíritu que gobierna los peces, las plantas acuáticas y el mar, es el patrón de los marineros y pescadores, en particular en Haití. Muchos lo invocan utilizando los nombres renacuajo de lago y concha marina. Por esto, el barco es parte de su símbolo.

El veve de Agwe lleva botes pintados con colores brillantes. También pueden ser conchas o remos. También hay ocasiones cuando se utilizan pequeños peces de metal en vez del símbolo del barco. Es importante considerar que el proceso para servir a Agwe es diferente al de otros Loas. Se debe al que Agwe se le puede ver en el mar.

Considerando lo anterior, se puede ver a muchos vuduistas utilizar conchas verdaderas, aparte del veve que han dibujado, para convocarlo durante las ceremonias o rituales. Se le debe recibir con una toalla y una esponja mojada cuando se le ve salir del agua, debido al calor.

Para adorar o llamar a este Loa, suele ser necesario preparar un pequeño barco que contenga todos los alimentos que le gustan (incluyendo alimentos sabrosos y exóticos), champagne, ron, barcos de juguete y armas de fuego. La sirena del mar, La Sirene, es su contraparte femenina. Su contraparte católica es San Ulrich.

Veve de Damballah-Vedo

Es el Loa de las serpientes, la lluvia, la dieta y el agua. Por eso, su símbolo tiene dos serpientes muy prominentes. Tiene una gran conexión con los ancestros. Damballa-Vedo es uno de los Loas más sabios y viejos, junto con su pareja de creación, Ayida-Wedo. Ya que toda la creación fue compartida por un hombre y una mujer, su veve tiene dos serpientes en vez de sólo una.

. . .

Se le relaciona, por supuesto, con el proceso de creación, por lo que se vuelve un personaje importante. También se le conoce por su habilidad para traer paz y armonía.

Veve de Barón Samedi

El jefe de la familia Ghede que representa a todas las almas vivas y muertas, tienen un símbolo que consiste principalmente de una cruz, aunque esta cruz simboliza algo diferente de la que utilizan los cristianos. Representa un cruce de caminos.

Esto se debe a que normalmente se puede encontrar al Barón Samedi en un cruce de caminos, en especial en el que se encuentra entre los mundos de los vivos y de los muertos. Parte de su rutina es cavar tumbas para los muertos y saludar sus almas después del entierro. Luego guiará a estas almas fallecidas al más allá.

También se pueden encontrar dos V atravesadas en sus símbolos. Esta figura simboliza la unión de los dos sexos considerándolo como uno de los mayores componentes del andrógino primitivo. En el símbolo también se pueden observar tres escalones donde se posa la cruz.

Cada escalón representa un nivel de iniciación.

El primer escalón simboliza la vida ordinaria, por lo que se le decora con falos y herramientas de trabajo. El segundo escalón simboliza el movimiento que el *acon* (un cascabel sagrado que utiliza el sacerdote) dibuja en el aire.

El escalón más alto representa el secreto guardado por los mejores, quienes se vuelven sacerdotes. En general, este veve es tan poderoso que representa la gran conexión entre la muerte y el más allá.

Veve de Ougon

Parte de la familia Rada, Ougon utiliza un símbolo que incluye hierro, fronda de palmera y un perro. Cumple las funciones de mediación y transformación. Debido a que el hierro es su principal emblema, muchos altares muestran objetos hechos de hierro.

Así pues, también se le pueden convocar utilizando collares con implementos de hierro. Los festivales que honran a Oungon suelen mostrar pistolas, cuchillos, pinzas, tijeras, herramientas de herrero y cualquier otra herramienta que sea de hierro.

Sus símbolos también son prueba de que es una deidad (orisha) y un espíritu (Loa) capaz de presidir sobre cosas como el hierro, la guerra, políticas, cacería. Ougon también favorece el alcohol y las mujeres.

Ougon también es reconocido en la comunidad como un Dios de inteligencia, poder político, innovación, medicina y justicia. Todo esto se puede conectar con el símbolo de las herramientas que permiten a los humanos perfeccionar su dominio sobre el entorno que lo rodea.

En África, se puede ver que Oungon es venerado por muchos herreros.

Veve de Gran Bwa

Otro Loa que tiene un papel muy importante es Gran Bwa. Parte de la familia Petro, Gran Bwa conecta con la magia, los secretos y la sanación. Puede ocultar objetos específicos de los ojos se quienes no han sido iniciados en esta religión. Muchos lo convocan durante las ceremonias de iniciación.

Es considerado el señor de los bosques de Vilokan porque él es la razón detrás de su símbolo, el cual se puede ver muy relacionado con las plantas y árboles. El nombre que se le ha dado, también significa gran árbol, por lo que su símbolo significa esa conexión.

. . .

Gran Bwa también representa las prácticas relacionadas con él, incluyendo la herbolaria. Este espíritu también es reconocido como señor de la naturaleza salvaje, por lo que su personalidad es impredecible. A pesar de eso, también tiene buenas cualidades, es un Loa agradable y amoroso.

Un objeto específico que se le relaciona es la seda vegetal o el árbol mapou. Este árbol es nativo de ahí y, por lo que las maderas materiales y espirituales. Se puede ver el mapou representado en el poste central de los templos vudú. Gran Bwa también es el protector de los ancestros que viajan de un mundo a otro.

Veve de Erzulie Freda

Por ser la diosa de la belleza y el amor, no es una sorpresa que su veve tenga un corazón en el centro. Esto hace que su símbolo sea más representativo del amor romántico, los lujos y la dulzura. Se le pueden convocar cuando sientas que es momento de añadir más amor y lujos a tu vida.

Cada cuadrado y punto interno dentro de este símbolo también simboliza una fuerza lista para explotar.

También se pueden observar una estrella sobre las dos lunas crecientes. Se puede encontrar la representación del espíritu del sol, el cual es el bastón de Papa Legba. Esto significa que unir los principios femeninos y masculinos tiene como resultado el amor. Fusiona el fuego y el agua.

Unos espirales a los lados representan el balance, pues no hay un principio dominante.

Unos cuernos invertidos de carnero significan posesión. Eso puede simbolizar el deseo de Erzulie Freda de querer que más personas la adoren. A pesar de sus riquezas, ella todavía piensa que el mundo es decepcionante y le recuerda a las personas que las cosas materiales no deben ser la única riqueza que se puede obtener.

Cómo dibujar los veves

Considera que los veves son herramientas poderosas que puedes utilizar para conectar con energía más elevada y magia, espíritus y deidades vudú. Tienes que dibujar los veves en el suelo utilizando una sustancia polvosa, como arena o harina. Luego se borran durante la ceremonia.

Tienes que hacer los dibujos de forma manual antes de comenzar con el ritual.

. . .

También se puede utilizar polvo de café, harina de maíz, hierbas o polvo de ladrillo. Tu elección depende de la división y misterios que intentas evocar.

Después de dibujar el veve, tienes que rociarlo con la libación adecuada. Coloca una vela en el centro, luego actívala al sonar una maraca o una campana. Mientras lo haces, recitar las oraciones de invocaciones al misterio de los múltiples Loas que intentas convocar.

Si realizas un servicio con la intención de alimentar a unos cuantos Loas al mismo tiempo, debes incorporar sus emblemas en el veve. Esto puede hacer que el símbolo final sea complejo y descubra muchas partes del peristilo.

Se pueden hacer pinturas, tejidos, posters y demás artesanías de los veves. Sin embargo, es mucho mejor si es realizado por ti mismo. Recuerda que se vuelve más poderoso y efectivo a la hora de convocar Loas y manifestar los deseos de tu corazón si lo dibujas de forma manual.

También es mejor si dices ambas manos.

Al hacer esto, el proceso completo simboliza los caminos que tienes que tomar en los mundos de lo invisible y lo visible. En la mayoría de los casos, el camino se encuentra por Poteau Mitan o el pilar central. Este lugar forma un nuevo conducto donde pueden viajar fácilmente los seres divinos.

Asegúrate de dibujar los símbolos de forma correcta. Es muy importante para convocar al Loa correcto, de lo contrario podrías atraer espíritus malvados o sombras. También podrías convocar al Loa incorrecto.

No te olvides de bendecir el dibujo completo con agua sagrada. También puedes utilizar alcohol o ron. Otra parte importante que es la danza, pues aquellos que participan en el ritual o ceremonia tienen que bailar descalzos sobre los veves dibujado. Esto muy importante para ayudar a que las energías divinas entren en sus cuerpos.

También ayuda a que se establezca la oportunidad para comunicarse con lo divino.

Utilizar veves en talismanes o banderas

La mayoría de los que están familiarizados con el uso de talismanes saben perfectamente bien lo útil que puede ser integrar estos símbolos, en especial cuando se trata de protegerse del mal y atraer la buena fortuna. Sin embargo, tienes que recordar que los símbolos tienen que ser diferentes basándose en su origen.

Si eres de la comunidad vudú, los símbolos que debes integrar deben ser los que correspondan a tu religión. Estos talismanes incluyen amuletos, objetos, joyas o incluso una pequeña bandera. Se pueden utilizar para protección o atraer cosas como prosperidad, dinero, amor y salud.

Siendo herramientas sagradas, necesitas cargarlas utilizando el polvo de cera de luna. Para utilizar veves en talismanes, sigue las instrucciones:

1. Decide la razón por la que necesitas un talismán. Cuando sepas tu intención, investiga los sellos, planetas y Loas específicos relacionados con las cosas que quieres atraer.
2. Recolecta objetos útiles como huesos, piedras, hierbas y cristales. Asegurarte de elegir aquellos con una buena conexión con el propósito de tu talismán. El objetivo es conseguir la ayuda del espíritu para determinar lo que quieres.
3. Dibuja el veve en el talismán. Asegúrate de también escribir un mensaje que establezca lo que deseas te haga. Retira todas las vocales del mensaje. Retira cada tercer letra de cada palabras, y luego reacomoda las letras que quedan hasta que se forme una imagen abstracta que sea diferente de la afirmación original. Después de eso, puedes dibujar el veve en una bolsa de tela.
4. Crea tu espacio ritual. Asegúrate de que contiene todo lo que necesitas para el ritual. Podrás necesitar olíbano o incienso de sándalo y velas

blancas. Estas suelen ser buenas herramientas para hacer el espacio sagrado.
5. Realiza el ritual cuando puedas concentrarte. Tienes que hacerlo en privado y cuando estés solo. De preferencia, elige una hora o día planetario que corresponda con el propósito de tu talismán.
6. Haz un círculo de velas encendidas a tu alrededor. Convoca a los dioses y espíritus en los que tienes fe cuando pongas las velas a tu alrededor. También dedica unos minutos a la meditación. Asegúrate de concentrarte con intención en el veve. Medita basándote en los deseos de tu corazón. No te distraigas que interactúa con los espíritus relacionados.
7. Sostén el talismán. Recita tus intenciones o deseos cuando los sostengas. Visualiza las respuestas que te puede brindar el Loa. Tienes que hacerlo mientras el talismán se hace más cálido con el calor de tu cuerpo. Siente la emoción de tus intenciones. Deja que la energía fluya hacia tu mano y al talismán.

Observa el talismán. Cuando sientas que ha absorbido por completo la energía, puedes utilizar un gesto para sellarlo. Por ejemplo, si colocas los objetos dentro de una bolsa, puedes sellarla al darle un beso. Siente la alegría de tu deseo haciéndose realidad.

. . .

Para utilizar el talismán, puedes llevarlo contigo o dejarlo en su habitación. También puede guardarlo en una bolsita y usarlo como collar. También puedes colocarlo en una caja y ponerlo en un altar cuando no quieras llevarlo contigo.

¿Debería usar tatuajes de veve?

Es un grave error hacerse tatuajes de veves. Recuerda que es un símbolo que tiene la intención de ser dibujado principalmente en el suelo o en un objeto sagrado durante un ritual.

Cada uno de estos veves está relacionado con un espíritu específico, por lo que atrae la atención del Loa. Así pues, solamente debe ser usado en el lugar y momento apropiado. Colocarlo en tu cuerpo puede provocar efectos y problemas no deseados al atraer energías negativas y espíritus malignos.

5

Construir tu propio altar vudú

Si de verdad quieres convertirte en un vuduista, tienes que aprender a crear tu propio altar vudú. Debe estar dedicado al ancestro o al Loa que favorezcas y quieras atraer todo el tiempo. Puede ser una tarea complicada, especialmente para los principiantes, pero ya que tengas todo listo, puedes aprender lo básico y llegar a ser un profesional para crear tu altar.

Tipo de altares

Primero tienes que determinar cuál es su propósito o específico. Esto va a determinar qué tipo de altar necesitas construir. Eso dictará tus herramientas, objetos y requerimientos necesarios, en especial la posición y la ubicación de los objetos sagrados.

Estos son los diferentes tipos de altares que puedes construir:

- Para un ancestro

Este altar tiene el objetivo de conectar con tus ancestros. Pondrás fotografías de tus seres queridos fallecidos. También puedes incluir objetos personales, en especial aquellos que más les agradaban, como recordatorio. También se recomienda poner un plato y una tasa para ofrendas de bebida y comida.

- Para una deidad

Es un altar con el objetivo de adorar a los Loas, espíritus y deidades. Puede ser un espacio compartido, pero asegúrate de que los espíritus y las deidades que quieres convocar lo permiten. La función de este altar es un espacio para dejar tus ofrendas. También debe haber un espacio donde puedas encender velas e incienso y ofrecer objetos que favorece la deidad. Algunas veces, puede llevar ídolos que representen al espíritu.

- Para la naturaleza

También puedes dedicar un espacio para honrar a la naturaleza.

En la mayoría de los casos, hay muchos objetos que representan los elementos naturales, como piedras y conchas. Recuerda que este altar no puede ser utilizado como espacio sagrado para tus ofrendas.

- Temporal

Puedes crear ese tipo de altar para ciertos eventos como festivales y también se puede utilizar cuando necesitas hacer cierto ritual mágico. Su propósito son los rituales y las celebraciones. Al terminar la celebración se puede retirar.

Encontrar el espacio apropiado

Después de decidir qué tipo de altar vas a construir, tienes que encontrar el lugar adecuado para ponerlo. Necesitas espacio suficiente para realizar el ritual de forma cómoda.

Algunas cosas que vas a requerir son:

- Una pequeña mesa. La mesa pequeña te permite moverla con facilidad y es una superficie limpia para varios objetos.
- La parte superior de una cómoda. También puedes utilizar esta superficie, si la quieres mantener un poco más alejada del suelo. Puede ser incómodo si se encuentra en tu habitación.
- Estantería. Esta opción te brinda un espacio adecuado y varios niveles para que elijas diferentes propósitos. Asegúrate de que no haya objetos que no se supone que deban estar en el espacio dedicado a tu altar. También considera

la privacidad, sería difícil realizar una ceremonia
o ritual y está demasiado expuesto a las miradas.

Estos son unos cuantos ejemplos de lugares que puedes utilizar. Recuerda que tu elección tiene una representación de los misterios internos. Demuestra lo que puede ocurrir con tu espíritu y corazón. Así que debes elegir con sabiduría.

También debes recordar que el espacio es la clave para reflejar uno, recordar y sanar en el momento que quieras.

Sirve como tu espacio privado que te permite reflexionar, meditar, honrar y realizar rituales personales con tu ser amado difunto.

También puedes utilizar un pequeño altar portátil. Puede ser algo muy pequeño como una caja de cerillos.

También puedes utilizar algo más grande que quepa en tu bolsa o portafolio. Al elegir esta opción, será fácil mantener la conexión con tus seres amados, aunque hayan fallecido.

Qué necesitas para tu altar vudú

. . .

Es momento de recolectar los objetos necesarios para que funcionen tus rituales vudú. Querrás poner tus herramientas mágicas, pero recuerda que el objetivo final debe ser funcional según lo que quieras hacer.

Algunas cosas que incluye el altar son:

- Símbolos de los cuatro elementos clásicos

Símbolos de tierra, aire, fuego y agua. Se deben alinear con los cuatro puntos cardinales. Tienes que utilizar un recipiente que contenga arena o tierra hacia el norte, incienso hacia el este para representar el aire, agua al oeste y carbón o una vela hacia el sur.

- Velas

Puede ser una vela para dios o para diosa, dependiendo de los requisitos de tu ritual. Lo mejor sería elegir colores diferentes. También puedes utilizar velas para representar las cuatro direcciones. Asegúrate de tener un encendedor o cerillos a la mano.

- Una varita

Esta varita suele servir para dirigir la energía. La forma y el lugar en el que se coloca en el altar depende de la intención, pero debe mantenerse cerca o en el altar.

- Athame

Se refiere a un cuchillo sin filo o de doble filo utilizado para canalizar la energía. Suele tener un mango negro y una hoja sin filo para prevenir accidentes. Este objeto sirve para prevenir que te cortes físicamente, pues se realiza un corte simbólico de energía.

Sirve para guiar la energía cada vez que realices una ceremonia.

- Un objeto que haga que tu altar se distinga de sus alrededores

Utiliza un mantel para indicar que todo ese espacio está dedicado al altar. El objetivo es mantener el orden y la limpieza en ese lugar. No coloques objetos que no pertenecen al altar. Puedes crear una pequeña caja o utilizar una bandeja.

- Un lugar donde puedas colocar tus ofrendas

Puede ser un pequeño plato o bandeja. Así puedes saber qué has dejado de ofrenda durante el ritual.

- Un espacio donde puedas colocar objetos temporalmente

Debe haber espacio suficiente para los objetos temporales que necesitas. También se recomienda poner las herramientas de adivinación para que puedas bendecirlas o cargarlas al momento. Algunos ejemplos serían iconos diseñados para representar problemas. Así se mantendrá ordenado su altar.

- Un objeto personal muy valioso y significativo para ti

Al poner algo significativo para ti puedes crear una conexión fácilmente entre la práctica y tú. Puedes añadir pintura, ídolos, un incienso específico o cualquier cosa que sea personal para ti y cumpla con las necesidades específicas.

Coloca cualquier objeto que creas necesita. También querrás poner los objetos para el hechizo que necesitas, como pasteles y cerveza. Si planeas utilizar tu altar para celebrar un evento o festividad respecto a tu Loa, decora el altar acorde a eso. Asegúrate de tener todo lo necesario para realizar tus rituales.

. . .

Crear tu altar

Es importante mencionar que puede crear un altar para un espacio público o para un espacio privado. Lo único que nunca debes olvidar es el respeto y la sensibilidad.

Asegúrate de seguir los siguientes consejos:

- Limpia la superficie utilizando una solución espiritual, como agua de rosas. Seca y reza en voz alta para expresar tu deseo de destinar ese espacio para un altar sagrado.
- Si utilizas una mesa de madera, puedes utilizar aceite para bendecirla, como aceite de ancestro. Después, coloca una tela para cubrir el altar. De preferencia blanca, pero puedes ser creativo. Intenta evitar los materiales sintéticos y los colores oscuros.
- Asegúrate de poner objetos significativos y bonitos. Pueden ser muñecos vudú, estatuas, talismanes, raíces, piedras o flores. Elige cosas que tengan significado especial o que te inspiren. También debe contener incienso, velas, aceites o perfumes.
- Coloca agua en el altar. Puede ayudar a tener más claridad en la vida. No olvides cambiar el agua con frecuencia.
- Identifica el propósito exacto de tu altar. Puede

ser para honrar a los muertos o a los vivos, así que asegúrate de poner sus fotografías.
- Medita ante el altar todos los días. Esto debería servirte como un ritual diario. Cuando medites, concéntrate en los cambios positivos que quieres realizar en tu vida y en la de tus seres queridos.

En la mayoría de los casos, los vuduistas erigen un pequeño altar diseñado para un Loa específico dentro de su hogar, al que se le llama *ogantwa*. Utilizan estos altares como puntos centrales para meditar y rezar.

Aquí es donde realizan sus devociones privadas. También es probable que necesites poner una campana o un cascabel para llamar a los espíritus fácilmente. Otras cosas que debes poner son un recipiente de cristal para usar de lámpara de aceite, aceite de oliva, mecha de algodón, velas blancas y un pequeño brasero para el incienso.

También debes bautizar el ogantwa. Esa es la clave para limpiarlo y bendecirlo antes de cada uso. Por lo general, se quema olíbano y luego se dicen unas oraciones por un momento. Después de eso, se rocía con agua bendita de una iglesia católica. Eso debería ser suficiente. Después de eso, puedes comenzar a utilizarlo.

6

Cómo hacer una bolsa gris-gris

Una bolsa gris-gris contiene los objetos más populares usados por los vuduistas. Es muy popular en la comunidad vudú por muchas razones. El origen de esta bolsa se puede encontrar en el oeste de África. Comenzó debido a las influencias de los escolares musulmanes, los místicos y los sanadores. Después de eso, el uso de esta bolsa fue absorbido por las culturas africanas. Eso ayudó a transformarlo según las costumbres y creencias locales.

El gris-gris original tiene un papel doblado con una inscripción del Corán realizada con tinta especial, también puede llevar números, símbolos y palabras. Se amarraba y doblaba utilizando un hilo y luego se guardaba en una bolsita de cuero. De esta manera, uno podía llevarlo fácilmente o amarrarlo a un lugar significativo.

Qué es una bolsa gris-gris

· · ·

Una bolsa gris-gris se refiere a un amuleto poderoso hecho de gamuza o franela roja. Eso es algo que no se puede cambiar. Si tu bolsa gris-gris requiere que utilices cierto color, puedes poner un pedazo del material dentro de la bolsa.

En el vudú, el gris-gris tiene el objetivo de ofrecer protección contra el mal. Muchos vuduistas creen que es efectivo también para la suerte. Algunos países del occidente de África también lo utilizan como una técnica anticonceptiva. Los vuduistas le escriben versos que derivan de sus ancestros africanos.

La escritura suele tener cierta cantidad de pequeños objetos. Luego se utiliza casi todo el tiempo.

Se puede utilizar la bolsa gris-gris en cualquier parte del cuerpo.

Sin embargo, recuerda que el lugar donde se lleva suele estar relacionado con el propósito de la bolsa.

Ingredientes para tu bolsa gris-gris

· · ·

La bolsa gris-gris es la predecesora del muñeco vudú.

Todavía se utilizan estas bolsas, más en Nueva Orleans.

Es una pequeña bolsa de 5 x 8 cm, hecha de cuero, gamuza o franela según la tradición. También es necesario llenar la bolsa con objetos específicos, como hierbas secas, talismanes, amuletos, monedas, huesos y minerales molidos. Cada elemento colocado en la bolsa tiene un simbolismo y propósito específico.

Plantas y hierbas

Las plantas están entre los contenidos más comunes de las bolsas gris-gris. Cada una tiene un simbolismo y calidad distintiva que se debe considerar durante la preparación.

- Alfalfa: para la suerte en los negocios y en las apuestas. También es perfecta para protegerte de la bancarrota y problemas financieros.
- Aloe vera: para protegerte de las influencias fuerzas negativas.
- Anís: protección espiritual contra la mala suerte. También aumenta las habilidades físicas y da buena suerte.
- Laurel: protección espiritual, éxito y buena salud. También se usa para tener mayor claridad

mental, expulsar los malos espíritus, fortalecer la sabiduría y ser victorioso.
- Pimienta negra: para prevenir visitantes no deseados.
- Hierba gatera: atraer el amor.
- Diente de león: cumplir tus deseos.
- Eucalipto: protegerte de la mala suerte y deshacerte de malos hábitos.
- Regaliz: para controlar o dominar a alguien.
- Perejil: atraer el amor y fomentar la fertilidad.
- Romero: deshacerse de los malos espíritus y promover el bienestar de toda la familia.
- Salvia: lograr la purificación, verdadera felicidad y sabiduría.
- Pimiento dulce: conseguir suerte en los negocios y en las apuestas. También ayuda a liberar el estrés.
- Tomillo: lograr la paz y la tranquilidad, deshacerse de las pesadillas y preservar la riqueza.
- Milenrama: tener más coraje.

Piedras y minerales

Para que funcionen de forma efectiva, tienes que molerlos hasta que sean polvo. Después de eso, puedes combinar las piedras y minerales con las hierbas secas.

. . .

Entre sus usos están los siguientes:

- Ágata: puedes utilizar ágata blanca si quieres buena salud, la de color oscuro es para la suerte en las apuestas.
- Ámbar: para la suerte y el amor.
- Amatista: protección espiritual y mejor salud.
- Cuarzo sin color: mejor salud, paz, felicidad y protección.
- Pedernal: mejor salud y protección en contra de los peligros.
- Oro: ganar dinero, riqueza y éxito.
- Jaspe: protección de negatividad y resultados no deseados.
- Piedra de luna: protección en contra de los peligros relacionados con el amor.
- Topacio: salud y protección espiritual.
- Turquesa: salud y protección en contra de resultados negativos.

Otros objetos y materiales

Entre los más comunes están los siguientes:

- Uña: protección en contra de resultados negativos.
- Dibujo del signo de dólar: para la buena suerte en las apuestas.

- Llaves: atraer el amor.
- Un pedazo de ladrillo rojo: atraer éxito y dinero, protección para el hogar.
- Imán: manifestar fortuna y atraer regalos. También para atraer la atención de las personas.
- Amoníaco: promover limpieza y protección de efectos negativos.
- Azúcar: atraer el amor del éxito o en relaciones románticas. Manifestar dinero o ganancias en los negocios.
- Sal: promover la limpieza espiritual y deshacerse de la mala suerte.
- Piedra imán: se recomienda traerla en pares para atraer fuerzas positivas y repeler las negativas.
- Cruz: representa la fe y se obtienen bendiciones y protección espiritual.
- Dados: suerte para los juegos de azar y apuestas.
- Monedas: atraer prosperidad y dinero.
- Objetos personales como cabello, fotografías, uñas: para conectar la energía del amuleto con una persona.
- Un pedazo de pluma de ave o tela de color: aumenta la correspondencia del amuleto.
- Talismán escrito en pergamino: aumentar la influencia planetaria y aumentar la intención.
- La imagen o medalla de un santo: fortalecer la intención y ayuda a invocar la ayuda del santo.
- Polvo y aceite mágicos: y fortalece la intención del amuleto.

Crear una bolsa gris-gris

También querrás utilizar raíces, objetos personales, cristales, sigilos europeos, sales y otros amuletos de la suerte.

También puedes añadir colores basándote en su simbolismo mágico. La cantidad de objetos que debes colocar dentro de la bolsa de vez en un número impar que no sean menos de tres y no mayor a trece.

También es importante bendecir los objetos mientras se ponen dentro de la bolsa. Utilizar aceite o agua bendita para también bendecir la bolsa.

Después de eso, mancha con un poco de incienso de cualquier tipo. Di unas palabras del poder y luego sóplale. Ese ritual es válido para activar el poder del gris-gris. Si planeas practicar el vudú de Nueva Orleans, recuerda que el gris-gris no se deja visible al público.

También tienes que prepararlo de forma ritual en un altar y luego consagrarlo a los cuatro elementos.

También debes recordar ciertas reglas:

- El simbolismo de color siempre es importante a la hora de crear la bolsa. Escoge un color específicamente diseñado para tus necesidades.
- Llena la bolsa con los objetos que cumplan con tu propósito.
- Rocía la bolsa con cualquier tipo de líquidos, es mejor si es agua bendita o aceite para ungir.
- Debes tener mucho cuidado con lo que dices cuando haces la bolsa, recuerda que las palabras tienen energía y se vuelven un componente de la bolsa gris-gris.
- Unta o unge con incienso cada ingrediente se coloca dentro de la bolsa. Lo mismo con la bolsa al final.
- Coloca o cose en la bolsa una petición escrita. Utiliza un alfabeto mágico. Puedes dibujar un sello o sigilo en un pergamino usando tinta mágica. También puedes añadir cuadrados mágicos y talismanes.
- Di palabras poderosas mientras preparas la bolsa.
- Dale vida a tu bolsa gris-gris al soplar sobre ella.
- Combina y respeta el simbolismo de cada ingrediente para cierta bolsa gris-gris.
- Lubrica la superficie de la bolsa utilizando un aceite relacionado con tu propósito.
- Utiliza incienso o humo de vela para fumigar la bolsa después de cada uso.

Algo más que debes considerar es asegurarte de visualizar tu objetivo final. Tienes que pensar constantemente en lo que quieres y la forma en la que lo vas a lograr. Una vez que hayas terminado tu bolsa gris-gris, cuélgala en un lugar abierto, donde puedas verla fácilmente mientras te concentras en privado. De esta manera, siempre te acordarás de tu deseo.

Para utilizarla de la forma correcta, pronuncia tu propia oración, sostén la bolsa entre tus manos, luego llévala a tu boca. Después de eso, activa la bolsa al soplar sobre ella.

Otra cosa que tienes que recordar es cargarla. Puedes hacerlo al remojarla en whiskey cada día. Si la vas a utilizar para prevenir que el mal entre a tu casa, cuelga la bolsa sobre la entrada. Si la vas a usar en el cuello, utiliza un cordón de cuero. También puede llevarla en el bolsillo, en el derecho si eres un hombre, y en el izquierdo si eres mujer.

7

Muñecos vudú

Los muñecos vudú tienden a provocar miedo de cualquiera que no esté familiarizado con su verdadera naturaleza. Escuchar sobre estos muñecos probablemente evoque imágenes violentas y sanguinarias, en especial para quienes han visto películas de terror.

La diferencia más común sobre los muñecos vudú es que están hechos por una persona que quiere vengarse o siente rencor por su enemigo.

Se ve que pican al muñeco con alfileres, lo cual provoca dolor, muerte o desgracia a la persona que se ha maldecido.

¿Pero de qué tratan en realidad los muñecos vudú?

. . .

Un muñeco vudú es una pequeña efigie humana hecha con unos cuantos palitos atados para crear una forma de cruz y crear un cuerpo con brazos y piernas. Esta figura se cubre con tela triangular de colores brillantes. También existen casos en los que se utiliza musgo para rellenar el muñeco y que mantenga la forma de un cuerpo. Tiene una cabeza hecha de madera o de tela negra.

Este muñeco tiene gestos faciales rudimentarios. Las personas que realizan muñecos vudú a menudo utilizan cuentas y plumas. En la mayoría de los casos, se utilizan alfileres para insertarlos en el muñeco con ciertos propósitos.

El muñeco vudú tiene diferentes formas, puede ser un muñeco gris-gris y se puede utilizar en muchas tradiciones mágicas de varias culturas. Por lo general, se utiliza la religión vudú de Haití. En las tradiciones traídas de África, se utilizaban efigies diminutas llamadas *bocio* o fetiche que utilizaban los rituales. Cuando los africanos fueron obligados a venir al nuevo mundo, los *caldoches* trajeron esta tradición consigo.

Los chamanes africanos utilizan este muñeco para interactuar o comunicarse con los Loas y los ancestros fallecidos para que los guíen. Aun así, el propósito general del muñeco es la sanación, no para causar daño. Algunas personas incluso lo utilizan como línea de comunicación con el mundo de los fallecidos.

. . .

Sin embargo, el uso de los muñecos se volvió más caro, en especial después de la mezcla con el catolicismo, las artes de sanación nativo americanas y la magia folclórica europea. Esto llevó al uso variado del muñeco, como el que usa alfileres de colores.

Además de eso, se dice que el muñeco vudú promueve el amor, la protección, el de la sanación, entre otras.

Materiales ideales para tu muñeco vudú

Recuerda que puedes crear tu muñeco vudú basándote en cómo lo quieres.

Sólo asegúrate de que tenga una conexión espiritual directa y material con quien tienes la intención de afectar a través del muñeco.
Entre los materiales que puedes usar están:

- Arcilla

Los muñecos vudú utilizados en la tradición de Luisiana tradicionalmente eran fabricados con arcilla azul. También es posible hacerlos con cualquier tipo de arcilla. Solamente tienes que asegurarte de que el centro esté vacío. En ese lugar es donde pondrás ciertos materiales que pertenecen un simbolizan al sujeto. Una vez que hayas formado el muñeco, puedes pintarlo y aplicar cualquier símbolo mágico.

- Cera

Algunos consideran que este material es casi perfecto. Una ventaja es su flexibilidad. También sirve muy bien para mantener su forma original. Significa que duran mucho tiempo. Se puede representar fácilmente la forma humana y es fácil detallar los símbolos mágicos en este material. Se le puede agregar cabello de la persona por lo que es más efectivo crear una conexión.

- Musgo español

Este material es clásico para la tradición de Nueva Orleans. Funciona muy bien como relleno para muebles y almohadas, razón por la cual es muy famoso en el sur de Estados Unidos. También se puede ver que muchos hechiceros lo utilizan de forma exitosa. Una versión del muñeco vudú hecho con esta planta es el tipo tradicional sin piernas.

- Tela

Un ejemplo clásico es el muñeco de trapo hecho de tiras de tela. Solamente tienes que hacer el mismo patrón dos veces y coserlos, esto deja un hueco para que puedas llenar el muñeco con objetos mágicos.

- Madera

Si quieres un estilo más primitivo, puedes crear un muñeco vudú de madera. Algo que tienes que recordar antes de empezar es que solamente puede llevar unos cuantos detalles humanos. Se debe a que puede funcionar como una representación de manera más general.

Algunas veces se puede fallar un muñeco en una sola pieza de madera. Necesitas mucha habilidad para hacerlo.

Una versión más sencilla es una rama gruesa que utiliza musgo como recubrimiento. Luego puedes cubrirlo con un pedazo de tela y tallar un rostro para ayudar a que la figura sea más realista.

- Papel

Una forma de utilizar el papel para crear el muñeco vudú es hacer primero una pulpa y mezclarlo con pegamento. Después de eso, puedes utilizar los mismos métodos de la cera o la arcilla. Otra forma de hacerlo es añadir el papel capa por capa, dejarlo hasta formar tu muñeco deseado.

Además de los materiales mencionados, también puedes utilizar cosas más modernas como polietileno o plástico. Puedes utilizar cualquier cosa.

. . .

Instrucciones para realizar un muñeco vudú

Paso 1: preparar los materiales

Primero recolectar todos los materiales que necesitas y elige aquellos que se ajustan perfectamente a la intención que deseas. Puedes elegir cualquiera de los que hemos mencionado. A la hora de elegir el material, selecciona uno con el que te sientas fuertemente conectado.

Deja que tu Loa te sirva de guía. Después de eso, rellena el muñeco con musgo.

Aparte de los materiales que tienes que utilizar para el cuerpo, también se recomienda recolectar objetos que representen al sujeto u objetivo de tu hechizo. Recuerda que los vuduistas creen en la magia simpatética. Esto significa que un humano puede transferir su energía a un objeto inanimado con el que entra en contacto.

Así pues, puedes crear una conexión entre tu objetivo y el muñeco con algún objeto personal. Esto puede incluir ropa y cabello, que son muy poderosos. También funcionan cualquier objeto usado por la persona.

. . .

Paso 2: forma el esqueleto

Considera que tu objetivo es hacer que se parezca lo más posible a la persona que representa. En este caso, conecta unos cuantos palitos amarrados con hilo para formar la forma de T del esqueleto.

Si es posible, utiliza materiales naturales para esto.

Puedes utilizar lápices y palillos para los brazos, cabeza y pies si no tienen ramas o madera.

Paso 3: rellenar el muñeco

Esto es similar a rellenar el muñeco de peluche. Tienes que envolver el esqueleto creado con algodón, papel, pedazos de tela o plumas de ave. Si quieres que tu muñeco sea más auténtico, entonces utiliza musgo como relleno. Al ser más natural, los resultados serán mejores.

Paso 4: elige el material para la piel

. . .

Tu elección depende del hechizo que quieres usar. Asegúrate de que el material es suficiente para cubrir todo el muñeco. En la mayoría de los casos, se utiliza tela.

También puedes utilizar material orgánico u hojas de maíz. También elige el color apropiado ya que influye en el hechizo.

Por ejemplo, para lanzar un hechizo de suerte, elige verde.

Paso 5: forma la cabeza, los pies y el torso

Puedes ayudarte con un listón o hilo para hacer la cabeza, los pies y el torso. Cuando termines, dibuja el rostro del muñeco. Debe parecerse a la persona que es tu objetivo para que sea más efectivo. Por ejemplo, si la persona tiene ojos cafés, utiliza botones de este color para los ojos. Igualmente puedes utilizar estambre del color del pelo.

Paso 6: decora el muñeco

Las decoraciones deben basarse en el propósito que tienes en mente. Deben ayudar a que tu muñeco sea más poderoso. Un ejemplo sería una moneda si tu propósito es la riqueza. Para atraer el amor, puedes coserle un corazón.

. . .

Paso 7: bautízalo

Tu muñeco también necesita ser bautizado. Esto te permite asociarlo con el nombre de la persona. Esta es la clave para volverlo a la persona que es tu objetivo.

Bautizar el muñeco es más importante si quieres lanzar una maldición. Para bautizarlo, remójalo en agua mientras dices el verso del bautismo.

También es importante purificar el muñeco. Ya sea disolver sal de mar en agua antes del bautismo, quemar incienso cerca del cuerpo del muñeco para que lo absorba o enterrarlo para que absorba la energía natural de la Madre naturaleza.

Paso 8: visualiza

Ya que hayas creado y bautizado o purificado tu muñeco, puedes comenzar el proceso de visualización. Simplemente tienes que sostener el muñeco y visualizar el resultado final. Si tu intención es curar a alguien, es mejor si la persona enferma está presente durante la visualización, de esa manera puedes crear una conexión más fuerte.

. . .

Cómo utilizar el muñeco vudú

Puedes utilizarlo para cualquier propósito, puede ser amor, guía, poder o sanación. También se puede usar para maldiciones, pero no es recomendable.

Algunos de estos muñecos también se utilizan como talismanes y para ayudar a enseñar.

Para utilizar el muñeco, incorpora los colores adecuados. Recuerda que el color tiene una gran influencia en el propósito.

- Rojo: amor, poder y atracción.
- Blanco: sanación, purificación y positividad.
- Verde: fertilidad, crecimiento, dinero y riqueza.
- Morado: exploración psíquica, reino espiritual y sabiduría.
- Amarillo: confianza y éxito.
- Azul: amor y paz.
- Negro: negatividad. Significa que puedes utilizarlo para disipar energía negativa o para atraerla.

También se pueden encontrar estos colores en agujas y alfileres para colocarlos en el muñeco vudú para que tu intención se vuelva realidad. Suelen utilizarse para dirigirse al espíritu de una persona en específico. Llama al espíritu a través del Loa para que escuche tu pedido y manifieste tus deseos.

• • •

Para comunicarse o interactuar con el espíritu de la persona, coloca un objeto personal con un alfiler en tu muñeco, puede ser un pedazo de tela, un mechón de cabello o una imagen. Es posible hablar directamente con el espíritu a través del muñeco. Puedes hablarle, persuadirlo o hacer preguntas.

Otro uso del muñeco vudú es cómo herramienta de concentración diseñada para la meditación, hechizos y oraciones. Para que tenga este propósito, coloca el muñeco en tu altar para concentrarte con facilidad.

Añade objetos especiales, como aceites para ungir, para así aumentar su poder y hacer más evidente el mensaje.

También puedes añadir una vela mágica para transmitir tu mensaje al mundo espiritual.

Existen muchas formas para utilizar los muñecos vudú. Sin embargo, debes recordar que no son completamente malvados. La mayoría de los rituales que utilizan muñecos vudú son beneficiosos. Aun así, hace muchas décadas, los esclavos africanos utilizaban estos muñecos para defenderse de sus amos.

• • •

El trauma de esa parte de la comunidad probablemente dejó su marca en la historia por lo que los muñecos vudú se perciben como herramientas para la venganza.

Claro que se puede hacer daño, pero no debería ser tu intención, ya que puedes tener repercusiones del karma, como mala suerte, conflictos y depresión. Tradicionalmente, un sacerdote bendice el muñeco para que tenga vibraciones positivas y prevenir que se use para el mal.

8

La forma de vida vudú

Si quieres ser un vuduista, la religión debe formar parte de tu vida. Tienes que aprender cómo funciona.

Existen rutinas y prácticas diarias que debes seguir.

Recuerda que el vudú requiere que actúes como si fuera la única forma de vida. Tienes que llevar tus principios a la vida, no sólo tener el conocimiento de forma pasiva.

Tienes que participar en sus prácticas.

Cada día de la semana está dictado por la práctica vudú.

Esta es la rutina diaria típica para los practicantes:

- Domingo.

Se considera el día de Dios. Algunos practicantes se comprometen a no realizar trabajo espiritual y se concentran en servir a un solo Dios ya que es su día sagrado. Respeta, recuerda y alaba a Dios.

- Lunes

El lunes es sagrado para los ancestros y los Loas Legba y Ghede. Ya que es el inicio de semana, también es el mejor momento para cuidar al Loa antes de pasar al siguiente. Justo después de alabar el concentrarte en Dios durante el Domingo, tienes que cuidar a tus ancestros. Cuando eso ocurre, puedes esperar que todo sea más sencillo al trabajar con el Loa. Es cuando puedes esperar que los Ghede y los ancestros lleguen.

Sin embargo, antes de llamar a otros espíritus, recuerda que tienes que saludar a Legba, el guardián de la puerta.

Ya que han pasado los primeros dos días, puedes esperar que el resto de la semana fluya de forma natural. Sólo debes asegurarte de que tu rutina se concentra en los Loas correspondientes.

- Martes

Día sagrado para los espíritus que son parte de la familia Petro. Tienes que concentrar tus rituales en ellos, en particular en Ezili Danto.

- Miércoles

Día sagrado para la nación Nago, por lo que son más poderosos. Puedes esperar poder supremo en especial de Ezili Danto.

- Jueves

Este día es para la familia Rada, pues sus espíritus te traerán más poder.

- Viernes

Este día pertenencia a Ghede, en específico a Brigitte y al Barón

- Sábado

Es el mejor día para tener un gran ritual o ceremonia porque todos los Loas son poderosos en este día.

Servir a los Loas

. . .

Tienes que servir al Loa basándote en su día sagrado. Existen muchas formas de hacerlo, como utilizar el color del Loa en su día. Otra rutina que debes seguir es realizar abstinencia durante ese día en específico. Los rituales vudú también implican servirles y cantar con ellos durante la ceremonia.

Cualquier persona casada con un Loa tendrá que observar y celebrar el día sagrado de su Loa. Se pueden utilizar ropas específicas, preparar la cama de forma específica y hacer cosas que signifiquen el compromiso sagrado de un esposo humano.

Alabar la naturaleza y los ancestros

Considera que la creencia principal de los vuduistas es que existe un solo creador, pero es un Dios distante que sólo interactúa a través de los espíritus. Debido a eso, la comunicación espiritual es muy popular en el vudú.

Por eso es muy importante alabar a los ancestros y la naturaleza.

Al ser una religión animista es necesario aprender a alabarlos. Los ancestros constituyen un sistema compuesto de ritos y creencias religiosas utilizadas para reforzar el sistema social y la dependencia familiar.

. . .

También es importante adorar a los ancestros ya que pueden ayudar a aprovechar el poder de los espíritus, pues los espíritus pueden influenciar la naturaleza y la existencia humana. Cada espíritu es responsable de una faceta o dominio diferente de la vida. También considera que algunos de los espíritus vudú son considerados como almas de los fallecidos.

Es necesario alabarlos porque es una creencia nuclear respecto al poder de los ancestros, lo que permite que los espíritus de los fallecidos y de los elementos naturales se vuelvan fuerzas poderosas a las cuales podamos pedir ayuda.

Devociones diarias

La mayoría de los practicantes ofrece sacrificios de sangre, oraciones y gratitud a los espíritus. Suelen realizar rituales para pedir consejo, promover la buena fortuna y crear una conexión fuerte con el reino espiritual. Una de las rutinas más comunes es realizar devociones diarias.

El objetivo es despertar a los Loas para que puedan trabajar contigo, en especial si esa es su fuente de ingreso. Hacer devociones diarias es la forma correcta para abrir tu hogar y tener más clientes. Es importante crear una devoción personal para un Loa específico cada día.

· · ·

Solamente necesitas unos cuantos minutos para rezar, puede ser algo más extenso. También se puede practicar el vudú por medio de ciertos rituales como los siguientes:

- Posesión, un ritual sagrado: este ritual refiere alabar al poseído y escuchar atentamente lo que diga sobre el mensaje de los espíritus.
- Participar en las ceremonias: las ceremonias siempre son parte de la rutina de la comunidad vudú, en especial para la cosecha de camote que se llama Manje Yanm y se ofrece a Loa Ginen.
- Utiliza muñecos vudú: el objetivo del muñeco es representar la energía de una persona a la que quieres influenciar.

Al practicar vudú, puedes realizar cambios positivos en tu vida. Solamente tienes que practicar cada día y servir a un Loa en particular. Como forma de vida, esta religión ayuda a superar obstáculos y lograr la felicidad. Sin embargo, debes evitar utilizar el vudú para hacer daño a otra persona.

Para que sean parte de tu vida, reflexiona en cómo lo utiliza. Debes saber cómo obtener el apoyo y la guía de los Loas. De esta forma, puedes obtener energía positiva.

9

Invocar un ritual

Los rituales tienen el objetivo de llamar a un Loa específico basándose en la ocasión que se celebra o la intención del ritual. Uno de los aspectos más interesantes sobre el vudú es la fuerte relación entre los muertos. Es la vida misma la que permite el nacimiento de los Loas, a quienes invocan sus seguidores.

Sin embargo, contrario a lo que se piensa, invocar a los espíritus no necesariamente significa llamar seres malvados. Incluso es posible invocar espíritus pacíficos, deidades, ancestros, dioses y diosas. Se puede hacer al cantar oraciones sinceras y respuestas pacíficas.

Considera que para invocar a un Loa siempre habrá música y cantos presentes.

La razón es que los espíritus responden mejor a los ritmos de la danza, a la música y a los cantos, lo que demuestra el respeto y el honor de sus devotos. La música y los cantos son necesarios para dirigirse al espíritu, sólo que hay una mayor probabilidad de éxito cuando se muestra al respecto y permitir que el espíritu vuelva a la vida y permitirle que te guíe en tus acciones diarias.

El actor de invocar espíritus se puede considerar un hechizo muy avanzado. Esto se debe a que requiere llamar un ser elevado en la forma de Loa y deidad. Por eso, nunca debes tomarte a la ligera este proceso junto evitar invocar una entidad o espíritu que no quiere ser invocado sólo porque sí.

Si tu intención es convocar a un espíritu de alta frecuencia, primero tienes que hacer una investigación completa.

La frecuencia, en este caso, se refiere al nivel vibracional específico a través del cual opera la entidad.

Importancia del propósito y la intención

Como principiante, tienes que saber exactamente cuál es tu intención para convocar un espíritu. Eso hará más fácil fortalecer tus habilidades y concentrarte en todo el ritual.

. . .

También debes recordar que el Loa que quieres invocar es probable que te escuche si llamas su atención. El propósito también te debe aclarar qué Loa debe convocar. Puedes llamar a un Loa específico con el propósito de riqueza, relaciones, salud y estatus social. También puedes invocar uno que te ayude a solucionar cierto problema.

Asegúrate de tener una buena razón para invocar al espíritu. No necesitas estar en una situación de vida y muerte para hacerlo, pero tu propósito debe ser una buena excusa para molestar y despertar al Loa. Sólo debes invocarlos cuando necesites su ayuda para un problema que no puedas solucionar por ti mismo.

Cómo invocar al Loa correcto

Para invocar al espíritu correcto, tienes que buscar el ritual específico para él o ella. Puedes aprender rituales y hechizos mágicos de libros y otras fuentes.

También puede diseñar los tuyos propios. Cuando hagas ritual, recuerda que consiste de tres pasos básicos: crear la atmósfera adecuada para el ritual, entrada en un estado de trance, e invocar e interactuar con el espíritu.

Crear la atmósfera perfecta

. . .

La atmósfera ayuda a que el espíritu tenga ganas de salir. También es importante que los participantes del ritual tengan una mentalidad adecuada. Tienen que crear una mentalidad de uniformidad, auto sacrificio y disciplina y demostrarlo con la forma en la que te vistes para el ritual y establecer el lugar para hacerlo.

La atmósfera que debes crear para realizar un ritual de invocación tiene que ser capaz de separarte de tu realidad mundana diaria. Tienes que estar en una atmósfera diferente, una que pueda convertir tu estado mental a un estado más espiritual.

Entrar en estado de trance

Necesitas utilizar los sonidos, objetos, colores y patrones adecuados para conectar con tu naturaleza espiritual.

En este caso, llegar al estado de trance no significa deshacerte de tu sentido de la realidad por completo. Tu intención es llegar a un estado de onda cerebral theta, es a la que sueles entrar cuando te estás quedando dormido. Se refiere a una zona de silencio entre estar despierto y experimentar sueños. Es el estado mental más apropiado para conjurar y lanzar hechizos.

. . .

Para llegar a este estado mental, puedes utilizar una o varias de estas herramientas:

- Veves o sigilos

Los símbolos vudú, que ya hemos explicado en otro capítulo, te pueden ayudar a llegar al estado de trance. Se pueden utilizar para invocar rituales al mirarlos directamente. Puedes dibujar el veve tú mismo durante el ritual, lo cual te puede ayudar a llegar a la experiencia de trance.

- Enns

Se refiere a frecuencias de sonido que se pueden usar para conectar con los espíritus y deidades. Puedes cantar *enns* o usarlos como mantras en silencio.

- Velas

Es muy importante tener velas a tu alrededor, pues necesitas mirar las llamas para crear el estado theta. Esto se debe a que te permite concentrar tu atención en la llama mientras te relajas. También puedes imaginar al espíritu manifestándose en la llama para facilitar el estado de trance.

- Un objeto punzante

Puede ser un espada, daga o varita. Suelen servir como una extensión de tu mano. Esto es necesario porque te permite canalizar la energía de forma más efectiva. Sin embargo, no se utiliza para hacer daño, sino para cargar un espacio u objeto específico al mandarle energía mágica. Puedes cargar un veve, sigilo, círculo mágico, espejo o cualquier cosa que simbolice el espíritu al que tratas de invocar.

- Círculo mágico

Puedes marcar un círculo en el suelo, que también sirve para atrapar al espíritu que invocas. También puedes usarlo como círculo de protección donde te puedes parar o sentar mientras el espíritu está fuera del círculo.

Si planeas usar este elemento en tu ritual, recuerda que suele requerir dos círculos, uno para ti y otro para el espíritu. Es algo bueno si quieres crear una forma de separación. Es buena idea si no quieres que el espíritu interfiera con la energía en la zona y las personas. Es algo opcional.

- Meditación

Una ventaja de la meditación es que no tienes que preparar objetos para eso. Sólo necesitas concentración y liberar tu mente. Puedes meditar por 30 minutos para despejar tu mente y así llegar al estado de trance más rápido.

. . .

También se pueden utilizar otros objetos como capas mágicas, gemas y bolas de cristal.

También es importante el color del objeto. Por ejemplo, puedes utilizar rojo para invocar espíritus violentos.

El objetivo es utilizar objetos con sus elementos y colores correspondientes para crear un estado de trance y que sean apropiados para la atmósfera del ritual.

Invocar al espíritu

El estado de trance te debe facilitar interactuar con los espíritus. Tu conciencia se encuentra en un punto en el que responde a esas influencias de forma más efectiva. El objetivo es invocar un espíritu de tal manera que entre a tu cuerpo y te permita tener sus características.

No obstante, no confundas la invocación con posesión, ya que son diferentes. Cuando estás poseído, el espíritu te controla. La invocación te permite tener el control. Sin embargo, tendrás muchos cambios de personalidad ya que estás recibiendo los rasgos del espíritu al que has convocado.

. . .

Ahí puedes comenzar a llamar al espíritu elegido. Puedes hacerlo con encantamientos formales que hayas investigado o escribir tu propio ritual. Lo mejor sería ser creativo con tus rituales ya que eso prefieren los espíritus.

Asegúrate de que sea una experiencia única y personal para ti. Una vez que hayas invocado exitosamente al espíritu, recuerda que puedes darle órdenes.

No cometas el error de ser demasiado humilde, no es buena idea actuar como un sirviente o esclavo cuando intentes comunicar lo que quieres.

Puedes ordenar a los espíritus, pues eres su invocador.

Eres el creador de la entidad que harás llamado a este plano de la realidad. Aun así, evita las faltas de respeto.

Una vez que hayas comunicado lo que deseas y obtuviste lo que querías, puedes terminar el ritual. Debes agradecer al espíritu por su presencia, por sus respuestas y por su guía. Asegúrate de que las velas que encendiste durante el ritual siguen prendidas hasta que se apaguen por sí solas, después las puedes tirar. Evitar reusar las velas y cualquier otro objeto que hayas utilizado para otro ritual.

. . .

Ritual de invocación básico

Cosas que necesitas:

- Vela blanca o plateada.
- Regalo para el espíritu. Puede ser cualquier cosa, pero asegúrate de que sea apropiado y represente al espíritu que quieres invocar. Los mejores ejemplos son comida, bebidas y tabaco.
- 1 taza de sal.
- Palito de salvia

Instrucciones para invocar al espíritu:

1. Debes deshacerte de todas las energías negativas a tu alrededor. Un buen consejo es tomar un baño purificador. En el agua tibia de la bañera añade sal. Remoja tu cuerpo por 20 minutos. Sécate y ponte ropa cómoda.
2. Dibuja un círculo y pide bendiciones.
3. Enciende la salvia. Mánchate con el tizne de salvia y también el área dentro del círculo. Eso ayuda a remover la energía negativa. Deja que la salvia se siga consumiendo después de eso.
4. Coloca la vela en algo que la sostenga. Coloca tus ofrendas o regalos alrededor de ella.
5. Cierra los ojos, respira profundamente. El

objetivo es concentrarte más para dar la bienvenida y estar abierto. Enciende la vela y recita tu encantamiento o ritual que has preparado.
6. Espera a que llegue el espíritu. Cuando tengas éxito, haz tus preguntas o pide ayuda para lo que quieres.

Invocar a Papa Legba

Recuerda que primero debes invocar a Papa Legba, ya que es el guardián del mundo espiritual.

Lo mejor sería saber la forma exacta para invocarlos, porque de él depende que tengas éxito.

Lo que necesitas para su ritual de invocación es lo siguiente:

- Una vela roja con negro.
- Ron.
- Tres monedas.
- Cigarro.
- Jugo de caña de azúcar.
- Galletas y otros dulces.
- Cacahuates.
- Veve de Papa Legba

Procedimiento:

1. Coloca todo sobre el altar, luego enciende la vela y el cigarro. Comienza a meditar.
2. Cuando te sientas listo, llama a Papa Legba. Algo bueno sobre Papa Legba es que el lenguaje nunca es un problema. Puede recitar o cantar esta oración:

"Papa Legba, abre la puerta para mí.
Antibon Legba, por favor abre la puerta.
Legba abre la puerta para mí, y agradeceré
al Loa cuando regrese."

1. Observar su respuesta. Si sientes que se encuentran cerca, puedes pedir ayuda y guía. Comunícate con él como si fuera un amigo. Permítete abrirte a él. Después de eso, pídele respetuosamente que abra las puertas para que otros Loas puedan salir. Sé específico cuando menciones al Loa con el que quieres hablar.
2. Después de hacer tu pedido, ofrecen los objetos que tienes preparados en el altar. Este será el momento perfecto para comenzar a invocar al Loa específico con el que quieres interactuar. Pero recuerda que cada Loa requiere un ritual diferente, pues tienen preferencias distintas.
3. Cuando hayas completado un ritual de

invocación con el Loa deseado, expresa tu gratitud a Papa Legba. Agradécele por escucharte y permitirte hablar con un espíritu en especial. Luego pide a Papa Legba que cierre la puerta cuando regrese a su mundo.

Al terminar este ritual, lo mejor sería reunir todas las ofrendas que has reparado y llevarlas a un cruce de caminos para dejárselas a Papa Legba junto con los regalos que le has ofrecido. Deja las ofrendas bajo un árbol, cerca del cruce de caminos, o al lado.

Advertencia

Sin importar de qué es lo que quieres, ya sean respuestas, guía o ayuda, tienes que utilizar el ritual de vocación con cuidado. Investiga mucho antes de comenzar. Evita acelerar el proceso para prevenir errores que puedan provocar un daño irreparable para ti o para alguien.

10

Purificación vudú y hechizos de protección

Los HECHIZOS VUDÚ que puedes lanzar también pueden ayudar a la purificación. Recuerda que hay varias ondas y energías que te rodean. Algunas energías pueden ser positivas y otras negativas. Por eso tienes que aprender unos cuantos hechizos de limpieza y purificación.

Hechizos de purificación para tu casa

Esto puede ser útil si sientes que tu casa se está llenando de negatividad. En este caso la limpieza se refiere a un ritual que puedes realizar para purificar tu espacio. El objetivo es eliminar las energías y entidades malignas y negativas.

Varios practicantes vudú realizan rituales de limpieza antes de realizar hechizos porque tienen miedo de las presencias negativas. También lo hacen sólo para mantener limpia la casa. Puedes limpiar todos los espacios y objetos en tu hogar, incluso las personas. Por lo general, necesitas limpiar las herramientas que utilizas para lanzar hechizos y rituales.

Existen varias razones por las cuales quieres purificar tu casa. Puede ser que te acabas de mudar y quieras celebrar tu nuevo espacio con bendiciones y purificarlo. Otra razón es la presencia de energía negativa que quieres eliminar. La energía negativa puede estar relacionada a malos espíritus, la muerte de alguien e incluso el comportamiento de una persona.

Por ejemplo, si algo negativo sucede dentro de tu casa debido al comportamiento de alguien que vive ahí, no puedes limpiar esta energía negativa hasta que la persona detenga esa conducta negativa por completo.

Así pues, primero tiene que descubrir quién contribuye a esa energía negativa antes de lanzar un hechizo de purificación vudú.

Entre los escenarios que pueden requerir una purificación de hogar están los siguientes:

- Vivir en una casa que tiene una historia violenta o perturbadora.

- Eventos traumáticos que ocurrieron dentro del hogar.
- Un robo reciente.
- Sensaciones espeluznantes dentro de la casa.
- Discusiones constantes con la pareja o familiares sin razón aparente.
- Sueño intranquilo.
- Llorar sin razón.
- Enfermedades repentinas.
- Deseo de manifestar suerte, vida amorosa, buenas relaciones y un nuevo trabajo o nueva casa.
- Deseo de mejorar una zona o aspecto de tu vida.

Si has experimentado cualquiera de los escenarios mencionados, tal vez quieras considerar realizar un hechizo de limpieza.

Pero, antes de eso, recuerda los siguientes consejos:

- Limpia tu casa a profundidad.

Retira toda la basura y chatarra de tu casa, cualquier cosa que sea deprimente. Limpia cada habitación, incluyendo el ático y el sótano. Rodéate de cosas que sean placenteras, pueden ser fotografías de tus seres amados, flores o tus adornos favoritos. Cualquier cosa que pueda ser placentera e invite a la energía positiva.

- Permite que entre la luz del sol, el aire fresco y otras formas de naturaleza.

Deja que tu casa reciba luz natural por unos cuantos días antes del ritual. También es necesario el aire fresco para mover la energía. Si es posible, coloca plantas vivas en tu casa, ya que la naturaleza emite energía sanadora.

- Abre todas las puertas.

Puede ser la puerta principal, las ventanas, el armario, los cajones, el horno, el microondas y todo lo demás. Es importante remover la energía negativa y oscura al sacarla de su escondite.

- Camina en el sentido contrario a las agujas del reloj.

Antes de realizar el ritual, asegúrate de caminar dentro de tu casa en el sentido contrario a las agujas del reloj, camina cerca de las paredes. Esta dirección ayuda a expulsar las energías negativas. Después de recorrer una habitación, asegúrate de salir por la misma puerta que utilizaste para entrar.

Utilizar velas para la purificación

. . .

Purificar la casa y utilizar velas puede ayudar a deshacerte de la energía negativa y de cualquier espíritu varado en la tierra. Las velas blancas pueden atraer la iluminación. Una vela herbal, bendecida, con salvia, ciprés y hierba de limón también es una alternativa.

Tienes que decir tu intención de remover la energía negativa y las entidades descubras de tu casa. Enciende la bebida, recita tu oración de purificación del hogar. Puede ser algo como, "Querido Dios supremo, remueve todas las energías negativas de esta casa. Bendícela y cúbrela con tu pura y genuina luz blanca de protección y amor". Repite esta oración varias veces.

Puedes esperar que la luz de la vela te responda y te guíe.

Utilizar sal de mar para la purificación

La sal de mar es otra herramienta efectiva para la purificación del lugar. También puedes utilizar la de la oficina.

Sigue estas instrucciones:

1. Liberar tu mente de cualquier pensamiento. Establece la intención de remover la energía negativa de tu casa.

2. Esparce sal de mar en el exterior de tu casa. Échala sobre cada ventana, escalón y puerta. Cuando hagas esto, recita este hechizo: "Remueve todas las energías y entidades negativas de este lugar. Sólo aquellos que aman puramente pueden entrar a este hogar".
3. Repite hasta que hayas esparcido la sal en toda tu casa.
4. Coloca algo de sal en pequeños recipientes. Luego coloca uno en cada habitación. Déjalos ahí por al menos 24 horas para que puedan absorber todas las entidades negativas y oscuras.
5. Ya que haya pasado ese tiempo, arroja las sal fuera de tu casa. Asegúrate de que la sal que has usado ya no está dentro de tu hogar.

Utiliza incienso para la purificación

El incienso te permite deshacerte de ciertas vibraciones negativas. La madera de sándalo es un incienso que puedes utilizar para purificar tu casa. Sirve para despertar tu chi o fuerza de vida. Otras buenas opciones son la salvia y la lavanda.

1. Abre todas las ventanas, puertas, cajones, armarios y cualquier objeto con puerta.
2. Establece la intención de purificar el lugar antes de comenzar.
3. Quema un palito de incienso. Colócalo en la

habitación específica que creas que requiere purificación.
4. Camina en el sentido contrario a las agujas del reloj. Mantente cerca de las paredes.
5. Mueve el incienso encendido bajo los muebles, alrededor de las paredes y cerca del armario. Recita la oración o mantra para remover las energías negativas y las vibraciones no deseadas.

Cómo limpiar tu cuerpo

Tu cuerpo también puede estar lleno de energías, espíritus y vibraciones negativas.

También existen formas de purificarlo con hechizos vudú.

Hechizo de baño purificador

Para este hechizo necesitas una vela blanca y siete flores secas de diente de león. Sigue estos pasos:

1. Prepara un baño tibio y entra al agua.
2. Machaca las flores secas y arrójalas en el agua. Recita este hechizo siete veces mientras dejas caer cada flor: "¡Bare vindeca bare!".

3. Enciende la vela y luego repite el siguiente hechizo siete veces: "Por la virtud del Dios supremo y los Loas. Bare y Vindeca. Purifica mi cuerpo. Bare y Vindeca. Purga mi alma. Libérala de todo mal. Protégela de los espíritus malignos. Así sea.".
4. Utiliza el agua para apagar la vela.
5. Medita por unos minutos. Visualiza tu cuerpo. Imagina que irradia luz. Después de eso, puedes terminar el ritual al salir del agua.

Hechizo para purificar agua

Una ventaja de este hechizo es que eres rápido y también funciona para los principiantes. Necesitas un vaso con agua, sal gruesa y tres velas blancas. Sigue estos pasos:

1. Forma un triángulo con la sal. Coloca el vaso con agua dentro del triángulo.
2. Coloca cada vela en los vértices del triángulo. Enciende las velas.
3. Recita lo siguiente: "Dios supremo, Padre del universo, purifica esta agua. Que se purifique en tu nombre. Purifica este líquido, que sea sangre, que sea santo. Como sagrada es la sangre de tu Divino Hijo, así es tu palabra sacrosanta. Palabra de amor y de justicia. Por los siglos de los siglos. Así sea."

4. Bebe el agua y deja que las velas se consuman.

Hechizo vudú de protección

El hechizo de muy buena cifra de cómo proteger te veo los practicantes que te pueden maldecir. Un maleficio se refiere a un ataque mágico o maldición que tiene la intención de hacerte daño.

A pesar del recordatorio constante de que el vudú no debe usarse para hacer daño, hay practicantes que lo hacen.

Existen dos formas de maldición que se pueden utilizar en tu contra. Puede ser un maleficio directo con la ayuda de un material maldito. Puede ser de una naturaleza distintiva como hierbas, sangre de menstruación o huesos pulverizados de un difunto. Puede representar un instrumento sensitivo que permite que el mal ejerza su poder.

El material maldito puede llegar a ti de diferentes formas:

en tu bebida, comida o estar en contacto con un objeto cercano a él. Un ejemplo es su cabello trenzado combinado con sangre y otros tipos de materiales colocados dentro del colchón.

• • •

También existe una maldición indirecta, la cual ocurre por transferencia.

Esto significa recurrir a ciertos objetos que te representan, puede ser tu ropa, marionetas o fotografías.

Cómo romper una maldición

Una forma de hacerlo es utilizar un amuleto, lo cual requiere objetos personalizados, encantados y preparados, y llevarlo contigo todo el tiempo. Eso ayuda a librarte de los malos deseos. Es normal que esas cosas debiliten los efectos del hechizo y así prevenir que te haga daño.

Algunos amuletos que puedes utilizar para protección son cristales, una cruz o un pentagrama.

Puedes colocar un amuleto o dos dentro de tu bolsillo o llevarlo en el cuello.

Otras formas de romper una maldición o maleficio son:

- Utilizar hierbas mágicas y sales de baño.

Realiza este ritual al preparar la atmósfera adecuada. Enciende unas cuantas velas y deja que tu bañera se llene con agua tibia. Atrae la buena suerte al pensar en cosas positivas y agradables. Puedes hacerlo aún más poderoso al añadir sal, albahaca, pachuli, ajenjo e hisopo.

- Quemar sal.

Esta técnica puede purificar y neutralizar las energías psíquicas y negativas. Para protegerte, tienes que quemar la sal de forma correcta. Lo primero es encender un fuego en un lugar adecuado. Necesitas un puñado de sal gruesa. Piensa en cada cosa negativa que deseas remover. Frota la sal contra tu piel para purificarla. Después de eso, arroja la sal al fuego. Los resultados pueden ser rápidos o progresivos.

- Quemar incienso

Lo mejor es utilizar el incienso y otras hierbas para aumentar su poder. Utiliza un hilo para atarlos juntos y así se quemarán en conjunto y más rápido. Después de que se consuma todo podrás notar los efectos positivos.

También ayuda tener unas ramitas de salvia entre tus ropas para protegerte de los malos espíritus.

Consejos

. . .

Antes de realizar cualquiera de las técnicas mencionadas, debes considerar lo siguiente:

- Evita comer carne roja.
- Evita beber café por un par de semanas antes del ritual y dos semanas después de eso.
- No está permitido beber alcohol ni fumar.
- Acudir a los rituales y ceremonias en los templos.

11

Hechizos de amor

La magia vudú es tan impresionante que te puede ayudar a lograr la felicidad. Existen hechizos que te pueden ayudar a encontrar el amor. Son hechizos muy efectivos y rápidos. El objetivo va a desarrollar una idea, percepción y pensamientos diferentes sobre ti al instante. También se pueden utilizar para diferentes motivos relacionados con el amor.

Hechizo para que alguien se enamore

Para esto necesitamos un muñeco vudú que represente la persona que es tu objetivo. Podrás cambiar la forma en la que esta persona piensa en ti. Esto es lo que necesitas:

- Muñeco vudú que represente a tu pareja deseada
- Un objeto personal de la pareja deseada
- Un objeto personal tuyo

- Papel blanco
- 1 listón negro, 1 listón blanco y 1 listón rojo
- Una vela blanca
- Tinta roja y una pluma de ave para escribir

Crear el muñeco vudú utilizando los materiales que ya hemos mencionado en capítulos anteriores. Coloca algo usado por tu pareja deseada dentro del muñeco, puede ser cabello o una uña. También puedes añadir algún tuyo dentro del muñeco. Talla o cose el nombre del sujeto en el muñeco. Cuando tengas listo el muñeco, puedes comenzar a lanzar el hechizo.

Instrucciones:

1. Tienes que hacer este hechizo del día después de la luna nueva. Esto suele ocurrir los días viernes.
2. Prepara tu altar vudú. Puedes utilizar un cerillo de madera para encender la vela.
3. Utiliza los tres listones para cubrir el muñeco vudú. Asegúrate de anudar los tres juntos. Mientras envuelves el muñeco con los listones, asegúrate de decir lo siguiente en voz alta: "Estas cintas te atan y entrelazan tu corazón al mío."
4. Con la tinta roja escribe en el papel el nombre de tu objetivo. Coloca el papel en tu altar.
5. Coloca el muñeco vudú en una sábana, luego apaga la vela.
6. Enciende la vela otra vez la noche siguiente.

7. Agarra el muñeco vudú y colócalo cerca de la llama. Entonces debes decir: "Por ti, yo imploro. Por mí, tú ardes".
8. Deja que el muñeco descanse en la sábana preparada. No apagues la vela todavía, deja que se consuma por una hora y, más o menos.
9. Envuelve el muñeco vudú utilizando un objeto rojo y luego guárdalo en un lugar seguro.

Hechizo vudú para terminar una relación

Si ya no eres feliz con tu pareja, pero te cuesta trabajo terminar con esa relación, existe un hechizo vudú que te puede ayudar. También puedes utilizar este hechizo para que una pareja termine. Algunas cosas que necesitarás son:

- 1 vela negra.
- 7 clavos.
- Una fotografía reciente de la pareja que quieres que termine.
- 2 cucharadas de polvo de pimentón.
- 1 cucharada de polvo de ajo.
- 2 cucharadas de semillas de mostaza.
- 1 taza.
- Vinagre.
- Sal.
- Un recipiente pequeño.
- Un hilo.

- Una hoja de papel.

Instrucciones:

1. Utiliza el vinagre para ungir la vela negra.
2. Utiliza los clavos para picar la vela negra y así dividirla en siete partes iguales. El séptimo clavo debe estar en la base.
3. Mezcla la sal, las semillas de mostaza, el pimentón y el polvo de ajo en un recipiente pequeño.
4. Coloca el papel frente a la vela y enciéndela.
5. Coloca las fotografías sobre la hoja de papel.
6. Llama al espíritu y pide su ayuda. Sé directo y honesto cuando pidas ayuda al espíritu.
7. Agarra la vela y deja que escurra 9 gotas de cera en cada fotografía. Rocía la mezcla de polvos sobre ellas. Deja que la vela se consuma hasta el primer clavo. Apágala.
8. Retira el primer clavo al día siguiente. Coloca ese clavo sobre las fotografías. Vuelve a encender la vela y repite los pasos anteriores hasta que la vela se consuma al siguiente clavo. Apaga la vela.
9. Repite lo mismo con los siguientes clavos cada día. El séptimo día debería ser el final del ritual. En este día, tienes que envolver todos los contenidos junto con las fotografías y atarlos con el papel de forma segura.

10. Cuando hayas acabado, también, y el muñeco y su contenido mientras continúa el ritual. Luego puedes enterrar las cenizas junto a un árbol o quemar el muñeco en un caldero. En ese caso, debes arrojar las cenizas al viento.

Atraer el amor con una bolsa gris-gris

Recuerda que la bolsa tiene que ser color rojo. Necesitas los siguientes objetos para ponerlos dentro de la bolsa:

- Algo diseñado para ayudar a conectar su energía contigo, puede ser una uña, fluido corporal o cabello.
- Hierbas relacionadas con el amor, puede ser lavanda, canela, pachuli, hierba gatera, albahaca, semillas de vainilla, margarita, valeriana y chile.
- Piedras capaces de atraer el amor, como el rubí, perla, esmeralda, cuarzo rosa y diamantes en bruto.

Instrucciones:

1. Decir el hechizo de amor a la hora y el día

apropiado. El mejor momento es el viernes por la noche. Debe ser en la fase creciente de la luna, de preferencia en la hora planetaria de Venus.
2. Coloca todo lo que deseas utilizar dentro de un recipiente. Asegúrate de elegir aquellos que son poderosos para atraer el amor.
3. Coloca tu mano derecha sobre el recipiente. El objetivo es que tu energía fluya hacia los objetos.
4. Imagina el tipo de amor que quieres atraer utilizando la bolsa gris-gris. Esto debería tomarte unos 20 minutos. Deja que tu mente vea claramente el resultado final para motivarte.
5. Echa unas cuantas gotas de aceite de imán en la bolsa cada viernes. Cuando te sientas cómodo con la manifestación de tu deseo, puedes enterrar la bolsa en la tierra.

Advertencia

Siempre debes evitar hacer daño a una persona. Recuerda que los hechizos de amor vudú requieren transmisión física al utilizar objetos que pertenecen a la persona. A pesar de ser únicos, los resultados finales del hechizo se deben apegar a los principios de todos los hechizos de amor. Algunas reglas que debes seguir son:

- No lastimar a nadie.

- No causar efectos secundarios negativos a largo plazo.
- No engañar al sujeto.

También es necesario saber que los espíritus más fuertes cuando se realiza un hechizo de amor es el de los ancestros. Su poder debe ser suficiente para remover los obstáculos.

Otra cosa que debe recordar es que los hechizos siempre tienen riesgos. Por ejemplo, un hechizo de amor hará que tu alma esté ligada para siempre con la de la otra persona. Por eso debes evitar utilizarlo con alguien con quien sólo sientes lujuria y no tienes la intención de estar con él o ella para siempre.

12

Ceremonias y festivales

La religión vudú tiene sus propias festividades. Algunos de estos eventos son únicos y otros se relacionan con el cristianismo o el catolicismo. El hecho de que el vudú se volvió una religión oficial en el 2003 le da a los sacerdotes de la comunidad el derecho y la autoridad para realizar ceremonias de bautismo y matrimonio.

Cuando aprendas sobre las festividades y ceremonias populares, considera que abarca varios aspectos que derivan de los habitantes de Haití y los esclavos africanos liberados, el folclor vudú y el catolicismo romano.

A continuación, hablaremos de unas cuantas ceremonias y festivales de la comunidad vudú.

Mange Loa

. . .

Se refiere a una ceremonia que involucra un gran festín para todos los Loas. Esto significa alimentar a los Loas. Cualquier ceremonia que requiera sacrificio animal y ofrendas se considera un Mange Loa. Aparte de las ofrendas animales, como gallinas, toros y aves, la comunidad también ofrece pasteles, bebidas y jarabes a los Loas. Esta celebración suele ocurrir durante la segunda o tercera semana de enero. Los vuduistas creen que el poder de los Loas aumenta significativamente durante este evento.

Festival vudú Ouidah

El 10 de enero de cada año, el festival anual Ouidah vudú es la celebración nacional en Benín, para honrar la religión tradicional y sus cultos. Se considera la mayor reunión de practicantes en todo el mundo. Sería lo equivalente a la Navidad para los cristianos.

Puedes acudir a este evento, aunque no seas un practicante completo. Solamente puede disfrutar y observar la celebración.

Pero, considera que algunos aspectos no son adecuados para los débiles del corazón, sin embargo, es una gran forma de aprender sobre esta religión.

Durante esta celebración, se pueden esperar sacrificios animales que incluye un sacerdote arrancando el cuello de una gallina utilizando sus dientes. Este evento también abre un mercado lleno de tallados de madera, máscaras y fetiches. También se puede notar que las mujeres se visten con colores vívidos.

Fat Gede

También llamado Día de los Muertos, Fat Gede es la fiesta nacional en Haití. Este evento se celebra el 1 y 2 de noviembre, similar a las fechas fijadas por la religión católica. Es el momento en el que los vuduistas honran a sus ancestros fallecidos.

Los practicantes también visitan los cementerios para rezar, encienden velas y ofrecen flores, bebida y comida para los muertos. Lo que distingue a esta celebración es que los vuduistas tienden a continuar el evento en los templos vudú. Celebran estos días bailando y haciendo rituales toda la noche.

Baño de Navidad

Otro gran ejemplo de la simplificación es el Baño de Navidad que se celebra cada 25 de diciembre. Algunas familias celebraron la víspera de Navidad y otras celebran desde el día 24 hasta el 26.

Esta festividad implica que los practicantes se untan con cremas medicinales. También frotan los talismanes contra su cuerpo para la buena suerte y protección. Toda la celebración implica sacrificar animales como cerdos, pavos y cabras para honrar a los Loas.

Algo bueno sobre los baños de Navidad es que son naturalmente purificadores, remueven la negatividad, las restricciones, las maldiciones y los espíritus malvados que andan cerca.

Durante este evento, debes llamar a los espíritus para que integren su energía al baño. También hay danzas y cantos para hacer más efectiva la purificación.

El resultado es la renovación.

Festival vudú

Esta celebración ocurre cada 31 de octubre. En la mayoría de los casos, la celebración es un festival de varios días de arte y música en el que cualquiera puede participar. Esta festividad celebra las muchas contribuciones del vudú a la cultura y tradiciones de Nueva Orleans.

Su objetivo principal es honrar a los ancestros y a los Loas. También sirve para educar al respecto, preservar y celebrar la herencia cultural y espiritual de Nueva Orleans. En este evento también se exhiben representaciones educativas, fábrica de muñecos vudú, talleres de tambores y consultas con los practicantes líderes del vudú en la ciudad.

Gran Bois

Esta festividad es un tributo a Grand Bois, que significa gran madera. Es un poder elemental de la naturaleza con una fuerte relación con las hierbas, plantas medicinales y árboles. También se considera la contraparte de San Sebastián en la religión católica, a quien se venera como protector de las enfermedades.

La efectividad dedicada a Grand Bois implica muchas ofrendas que incluyen hierbas, ron especiado y miel.

Calendario vudú

Además de estas celebraciones, festividades y eventos famosos de la religión vudú, hay otras actividades que los practicantes celebran cada año:

- 17 de enero: fiesta de Ogun (Yoruba).
- 1 de febrero: fiesta de Mama Brigitte y fiesta de Oya.
- 17 de marzo: fiesta de Damballah.
- 20 de marzo: fiesta de Legba Zaou.
- 24 de marzo: Día de la Sangre.
- 25 de marzo: fiesta de Oshun.
- 23 de abril: fiesta de Ogun (Santería).
- 25 de mayo: fiesta de Ochossi.
- 16 de junio: aniversario de la muerte de Marie Laveau.
- 21 de junio: fiesta de Babalu Aye.
- 2 de julio: Día de las Futuras Madres.
- 16 de julio: fiesta de Ezili Danto.
- 25 de agosto: fiesta de Agasou.
- 8 de septiembre: fiesta de Oshun.
- 10 de septiembre: cumpleaños de Marie Laveau.
- 24 de septiembre: fiesta de Obatala.
- 29 de septiembre: fiesta de Eleggua.
- 30 de septiembre: fiesta de Shango.
- 4 de octubre: fiesta de Orunmila.
- 24 de octubre: fiesta de Erinle.
- 1 y 2 de noviembre: Fat Gede
- Luna llena en noviembre: Día de Baba Yaga.
- 25 de noviembre: fiesta de Oya.
- 4 de diciembre: fiesta de Shango.
- 10 de diciembre: fiesta de Ganga-Bois.
- 17 de diciembre: fiesta de Babalu Aye.
- 31 de diciembre: fiesta de Yemaya.

Conclusión

No CABE duda que la religión vudú continuará siendo un misterio para la mayoría de las personas debido a la infinidad de secretos en la que se encuentra rodeada, en conjunto con los hechizos, rituales, creencias, tradiciones y ceremonias que otros pueden interpretar de forma errónea. No tiene una autoridad mundial o unas escrituras como el Papa y la Biblia. Se centra en una comunidad y apoya la experiencia de cada individuo, su responsabilidad y su empoderamiento.

Por eso, no es una sorpresa escuchar que haya muchos malentendidos al respecto, junto con representaciones negativas. Por suerte, tienes la oportunidad de cambiar eso a través de este libro, el cual espero que haya cumplido su objetivo de abrirte los ojos a lo que realmente es el vudú.

Espero también que te haya ayudado a comprender más sobre cómo abarca cada aspecto y faceta de la experiencia humana.

www.ingramcontent.com/pod-product-compliance
Lightning Source LLC
Chambersburg PA
CBHW072018070526
44583CB00015B/1537